JN333492

人間経営学の実践

経営を繁栄軌道に乗せた十一名の社長告白

一般社団法人
楽心会　企画・編

はじめに　感謝がすべての基本

この出版の企画は高木書房社長の斎藤氏の提案で生まれた。

それは時代の波にさらわれず、その上で泰然とした経営を、また生き方を学ぶ「満月の夜の勉強会」の卒業経営者に声をかけ、心の変遷と業績の変化を発表してもらうという提案でありました。

経営者が利を追い、業績を追って社員を追い込み、会社人生で何が起きるかを学んでゆくと、そこに法則を見つけ始めます。

経営者は自らが「人として立ち」、視点を利益から、会社の和、会社の成り立ちの意味へと移してゆくことによって、なんと、一番の阻害要因は自分であったことに気づくのです。

そこに気づいた経営者の人々は、強くやさしく、寛容になってゆきます。

本書に登場する経営者は、皆個性的で百人百様の経営です。

最初の金井氏は今でも覚えていますが、「オセロゲーム」の黒駒みたいな印象でした。

それをひっくり返すと裏は黒ではなく、「真っ白」な方でした。金井氏はみるみる内に相が変わり、考え方が「利他の人」になってゆきました。

「人生で起すことは、自分の心の在り方が原因」で、「今までなしたことを人生の後半できちんと自分が受け取る」と、はっきり覚えてしまったのです。

それから先は、この本を読まれてみてください。

今の金井社長は声も、顔もすっきりと透明で、「焦りと怒りを人生から遠ざけつつある人」との印象を受けるでしょう。

夢ケーキの清水氏は、若いころにお父さんよって気づかされ、「人々の為に生きてゆくこと」を早くから学んでいる方でした。

「夢ケーキ」のアイディアと実施は素晴らしく、どんなケーキ屋さんも彼のように思い社会奉仕されるのは難しいでしょう。

清水さんが「動機の純粋性」をもっと深く、透明にゆるぎなく身につけた時、ただの菓匠ではなく、世界に平和をもたらす菓匠として、ヨーロッパやアメリカにもその心を広げてゆく人となることでしょう。

利と名声を追う人でなく、人々に希望と正しい夢、そして「家族の幸せ時間」をもたら

東京楽心会にて／北川八郎先生（撮影：牧貴子）

す人になってゆくでしょう。

そして「寛容」を身につけた時、彼の周囲は一変するだろうと期待しています。


北海道千歳の今野氏は、稀《まれ》にみる純粋と真っ直ぐな心を持った方です。トコトン不良をやったのも寂しさのあまりであり、今世そこから立ち、育ち上って経営者として、社員、スタッフを正しく育て養ってゆくということを学ぶ為に、いろいろな難条件を与えられたのだな……でも辛かっただろう……そのすさまじい人生経験から想いやってしまいます。

でも、もう今野氏は大丈夫。

一条の光が彼を照らし、光の丘が遠く

遥《はる》か彼方ではあるが、射し示されているのを感じます。

これから先、歩む足元はまだまだ暗くつまづくことはたくさんあっても、一条の光が今野氏を照らし続けて、千歳にとって、会社にとって、なくてはならない男になってゆくでしょう。


オークスの佐藤社長は頭の良い方で、私と出会った頃から頭の良さからもっと奥深い賢さを持った心の良い人に方向を変えつつありました。

頭の良い方は、本や出会いから知識を学び、一般的には理解で終わってしまいます。そしてそれらを身分や地位、業績、自己利益、名声や個人の欲の為にどうしても使いがちになってしまいます。

そういう人には、人々がついて来ず、「なぜこんなに物が良く解り、頭が良く先が見える人間にお前達はついてこれないんだ」という想いで、人々を信じられなくなるのが普通です。

でも佐藤社長は、寛容に目覚め「人の心をつかむ徳の道」へと進むチャンスを得ました。

佐藤さんは、言葉からではなく、時代の臭い、時代の風の流れ、人々の心の波長や透明度を感じる人になってきました。

秋の日に青空に漂う白い雲も美しいものです。

人々に安らぎと、おだやかな心をもたらします。

佐藤さんを見ていると、白い丸い雲のように見える時があります。


ペーニュの斉藤美恵子氏は主婦感覚のまま、うっかり四国では中堅の美容室を受け継いでしまいました。

初めの頃は、社員のできない所ばかりが見えて不満とイライラの中にいたようです。

斉藤さんは三年目に入り、「経営はおもしろい」と思い始めたと言います。それは腰かけ気分が抜けてきたことと、社員が大事に思えてきたことがその要因と言われています。

これからは毎日お店を巡り、もっと社員とお客の笑顔があふれるようなお店になるように、「みんなみんなが幸あれ」と祈れるように、社内の色を染めてゆくことでしょう。


森脇社長夫婦とは、おつき合いは長く深く、お店が大きくなるのを見つめてきました。

その人柄は素直で社長としてきちんとしているけど、誰に対してもフレンドリーで飾らない方です。

社長夫婦がそうだと、社員も同じようになってゆくようで、全社員みな仲良く明るくお手本のような美容室です。したがって客足は絶えず、また社員の向上心や向学心も、とても高いのです。

何より美容師としての誇りをスタッフ全員にもたらしていることは素晴らしい。

それは社長夫婦が共に人間性の向上（誰に対しても偏見なく、みな大事、みな愛しい）を努めて、いろいろな学びを吸収しているからだと思われます。

まあ、素晴らしい夫婦です。


いっとくの山根浩揮（敬称略）は、まだやんちゃで仲間と生きて、お店をワイワイとやって、賑やかに人を集めるのが楽しくて仕方がないという感じで、尾道で居酒屋をやられています。

みんなに（スタッフにも）迷惑かけるけど、何故か好かれるし尊敬される。それは、すごくいい意味で、根がなく何も考えてないようで、ちゃんと人の意見を取り入れ改善してゆく素直さ。

「ひょっとしたら五十代で化けるかも……大物に……」と思わせるような所があります。

居酒屋経営者に多い「男気にあこがれる漢」です。そろそろ山根も後輩にあこがれさせる年代に入りつつあります。あとは胆力とどんなことがあっても決して人を裏切らない男気を養い、今生まだはっきりと見つけていない使命と残りの宿題を果たすこと。

店主よりも経営者として立つ心意気を、出路氏より学ぶことでしょう。

もう何も学ぶことはない、と思われるほど東京ディズニーランドで学ばれてきた入部さん。あとは迷いし人の心に灯をともし、経営に苦しんでいる人に、嘆きと不安の世界から脱出するその方法を教えてあげるだけ。

尊敬し親しみの輪を拡げる才能は誰よりもある方です。


「人生で何一つ無駄なことはなかった」と悟るには、まだお若い磯部さんですが、「不動産屋」という世間から一番不信をもられる世界に居て、磯部さんほど公平で利をむさぼらず、また不正から遠い方を知りません。

この方に、こちらが汚れた欲、自分に利のある不動産処理を頼むのが恥しくなるほど純正です。

本当に「不動産屋の輩」という言葉を一掃させてくれるほど信頼できる方で、出会えて感謝です。

最初の印象から随分変わり、素敵なスッキリとした顔になられています。不動産関係にかかわらず「信頼できる人」という人間性を確立しているので、人の輪が当然広がってゆくのです。いい意味で、良き「フィクサー」となってゆくでしょう。楽しみです。

あきた病院は昔、佐渡《さわたり》さんが入る前、入院したら箱に入って出てくると陰口されるほど、ある意味荒れた利におぼれた病院時代があったようですが、佐渡氏がそこで悪戦苦闘。少しシャイでヒニク屋でヒョウヒョウとしていますが、威張ることや自分に利が集まることが大嫌い。

理事長に推された頃から利益追求は社会を乱し、不正が尽きず、トラブルばかりと気づかれ……徹底して院内を明るく、正しく、善意に満ちた病院として、特に医師に特権を認めず、どんな患者にも「病に対して共に戦いましょう」と手をさし伸べることを求めて戦かわれたようです。

「病院は誰の為にあるのか」という根本の問いをスタッフ全員に解ってもらい、さまざまな改革を……ヒョウヒョウとされています。人ごとのように。

少し照れ屋で表現が下手な理事長さんですが、病院スタッフの信頼は厚い。

今は回りの病院の看護師が「あきた病院に勤めたい」と、あこがれていると聞いています。

田村（敬称略）はたしか、山根に連れられて熊本の小国の瞑想場に来られたように覚えています。

何か修羅場をくぐって来た人という雰囲気がありました。まっすぐ私を見つめて来たその目の奥が、何か、やさしく、親しげで、この人は「裏切ることのない人だ」という印象を受けました。

すごくシャイなところがありますが、何かを持っている、芯に清いものを感じさせました。

彼が求めているのは、うす汚いものではなく、本当の白いシャツ……。

熊本の楽心会（五十人ほどいました）という集いで、私がいきなり「あなたの今までしてきたことを、皆の前で話してごらん」と言ったところ、

「エッ！　初めての人の前で、いきなりですか？」

「そう……話せるだけ全部」

今まで生きてた彼の話をその会場で聞いた人達は幸いでした。

みな感動していました。

やっぱり、純なものはいい、すごいとつくづく感じる話でした。

それから田村に会うたびに、「土だらけの錆びた釘を洗ってみると、なんとピカピカで、

まっすぐな釘だ」と彼に魅かれていったのです。

田村には天運がある。いろいろな、普通の人に与えられないたくさんの苦しみ、寂しさ、孤独の中で不良化というよりもグレて生きるしかなく、生き場を失いかけると救いの手が必ず用意されている。

それは深いつながりで結ばれたお兄さんだったり、父親を刺そうとした時の壊れないカギだったり、いち早くかけつけた警察官だったり、またタケムラだったり……天が寸前で救ってくれているのです。

今は信のおける部下、奥さん、子供に恵まれて、彼らに絶対の信を置いて生きている。そんな田村の姿から「何があっても、この田村を信じる」と、きっぱりといい切ることができます。田村の生き様は、他の人には歪んで見えても私にはまっすぐに見えるからです。

まあ、めったに会えない輩とでもいえましょうか。

会えたことを神に感謝しています。

ついでに連れて来てくれた山根にも……(笑)。

私達は力で勝ち抜く無駄な経営ではなく、お人好しでも少しつき合いが下手でも、周りの人々、業者さんを富ませることによって、戦わないで愛される、無敵な経営を志す人々によびかけ、出会いによって目覚めてもらう塾をやっています。

人生の全方向に於いて、家族、社員、顧客、友人、社会、そして地球環境に、争い、責めることではなく、共に気づき思いやって栄える法があることを実践しています。

経営者がお金と心を人の為に使うことを覚えた時、会社はどんどん栄えてゆきます。

そしてきちんとした理念と人情と厚き友情を失わず、この世を渡り切れるように船を出し、帆を張って経済社会に漕ぎ出しています。

感謝がすべての基本。

みんな、みんな幸あれ、光あれ。

平成二十六年五月二十六日

一般社団法人　楽心会　代表理事　北川八郎

目次

はじめに　感謝がすべての基本　1
自分が変わりスタッフも会社も輝き始めた
有限会社 広和　代表取締役社長　金井宏道　16
お菓子には人を幸せにする魔法がある
株式会社 菓匠 Shimizu　代表取締役社長　清水慎一　34
私が本気で「人生の卒業式」に取り組むわけ
株式会社 マリアージュインベルコ千歳支社　取締役支社長　今野良紀　50

「繁栄の法則」を実践して「社員満足度日本一」を実現する
オークス 株式会社 代表取締役社長 佐藤俊之 79

〝会社は家庭〟原点は家族
有限会社 ペーニュ 代表取締役社長 斉藤美恵子 98

楽しく感動と喜びのある職場 戸が笑う店づくり
株式会社 ビューティサロンモリワキ 代表取締役社長 森脇嘉三 119

三人の師「オヤジ」、「アニキ」、「先生」との出会い
志高き飲食人として、人様に喜んで頂きたい！
有限会社 いっとく 代表取締役社長 山根浩揮 140

生涯現役で働きたい ライフワークは『独立宣言』
株式会社 独立宣言 代表取締役社長 入部直之 168

人生で何一つ無駄なことはなかった
北川先生との出逢いで生き方が明確に 192
有限会社 イソ・コーポレーション 代表取締役社長 磯部昇一

おかげさま・おかげさまの塊 214
医療法人 むすびの森 あきた病院 理事長 佐渡公一《さわたりこういち》

旅の途中で…… 240
有限会社 国分寺産業 常務取締役 田村友輝

編集を終わって 262

自分が変わりスタッフも会社も輝き始めた

有限会社 広和　代表取締役社長　金井宏道

家業が倒産　試練は突然やってきた

「社長！　大変な事が起きました」

右腕である富田マネージャーからの一本の電話。

以前の自分なら、事故でも起きたか？　クレームか？　などという妄想を瞬時にイメージし、うろたえていたことだろう。

しかし、今の自分は違う。

何が起きても泰然自若として、慌てず、騒がず、冷静に、物事を受けとめる事が出来る。経営者として必要な資質、胆力が養われた。

昔の私を知る人は必ずと言ってよいほど「金井さん、変わりましたね」と驚く。確かに自分は生まれ変わった。ではどのようにして生まれ変わり、今の人生を歩むようになったのか、それを以下に記す。

私は、代々商売人の家系に育った。家具の販売で財を成した祖父、家具からホームセンターに転身し成功を収めた父。どちらかと言えば、裕福な家庭であった。

大学在学中は家業のホームセンターを手伝い、将来、家業を継ぐことを当然のこととしていた。卒業後は修行のために、大手のホームセンターに就職した。仕事が楽しくて毎日が充実していた。三年後、名残惜しかったが、父に呼び戻されて家業のお店に入った。

試練は突然やってきた。

「実は、うちの店はもう継続することは出来ない」

父の言葉にショックを受けた。しかし、そのときの自分には経営を立て直すだけの力がなかった。銀行からは融資の返済を迫られ、取引先は商品を引き上げようとする。倒産の噂はたちまちに広がり、平成五年六月、私が二十七歳のとき父が築き上げた事業はあっけなく崩れた。自らの無力さを痛感した。

それまでの満ち足りた生活が一変。無職になる。しかし、資産を売却して、スタッフには退職金を払い、債権者にも迷惑をかけなかったことだけが幸いだった。

自分には新婚の妻がいた。幼い時から順調に育ち下座に座る事なく他者への感謝を知らないままの結婚であった。彼女のお腹には新しい命が宿っていた。平成五年九月、長男誕生、食べていくためにサラリーマンになった。住宅販売会社の営業マン。積極的なセールス活動には馴染めなく、三ヵ月で退職した。

売上は順調なのに生きるのが苦しい

何か仕事をして収入を得なければ食べてはいけない。背水の陣で、稼業を清算したときに残ったわずかな資金で、ピザのフランチャイズチェーンをはじめた。時流に乗ったのか、郊外のお店は繁盛した。その後、お店は三店舗になった。業績を上げるために働いた。接客、オペレーションなど、スタッフを厳しく指導した。結果、安定した経営ができた。

その意味ではできる店長だったかもしれない。しかし、いい店長ではなかったと思う。今になってわかるのは、経営者にとって最も大切なことを見落としていた。

８４キロ当時の金井宏道社長

スタッフがどんな気持ちで仕事をしているか、まったく考えなかった。事業拡大に集中すればするほど、スタッフにはオペレーションを回す駒のように指示と命令を出していた。スタッフはすぐに辞めていく。その理由がわからなかった。

人を育てる事をせず、事業の拡大に目がいく。自分の生活の為、お金の為に仕事をしているような毎日。今から思うと利己心の塊だった。

現在の金井宏道社長

業績が上がっても、毎日、スタッフや家族に対し怒り、将来に対する不安と怖れが襲ってくる。生きるのが苦しかった。食生活は乱れ、酒と肉とラーメン、濃い味のものを好んで食べていた。この時の体重は八十四キロ。


「何のために働くのか?」

「本当にいい会社とは何か?」

そう問うには遅すぎたかもしれないが、このままではいけないと思うようになった。

師との出会いで人生も会社も輝きはじめた

外に視野を広げたとき、スタッフの働きがいを大切にしながら、成長し続けている会社はたくさんあった。働く喜びをスタッフと共に体現している。

なかでも北九州で美容室バグジーを経営する久保華図八先生との出会いは、自分を変える大きなきっかけとなった。私が四十歳になったばかりの平成十八年五月である。

「お客様が喜ぶ事だったら何だってやっていい」

「ありがとうをたくさん集める」

「優しさと思いやりに溢れた美容室」

「敬愛」「利他」「人を育てる」

どの言葉も新鮮であった。

久保先生から一冊の本を薦められた。現在、私のバイブルになっている北川八郎先生の『繁栄の法則』だ。と言って、その中に書かれている利己主義から利他主義には、そう簡単にはなれなかった。

表面上だけ耳に聞こえの良い言葉をスタッフや家族に投げかけるが、自らそれを実践者として継続する事なく四年の月日が流れた。

平成二十二年二月、両親から会社を引き継ぎ、代表取締役に就任。これを機会に「本当にいい会社」を目指して舟を漕ぎ始めた。

その年、四十四歳の夏、第二の転機が訪れる。北川八郎先生に会いに、小国の楽心会に参加することになった。まさに目から鱗、自分の価値観が壊れ、新たな正しい価値観が再生するきっかけの日になった。

北川先生のすすめで、その日を境に、肉食、ラーメンの食生活から玄米菜食にがらっと変えた。わずか一ヵ月で体重は、十キロ減り、怒りや不安が次第に少なくなり、性格が穏やかになっていく。

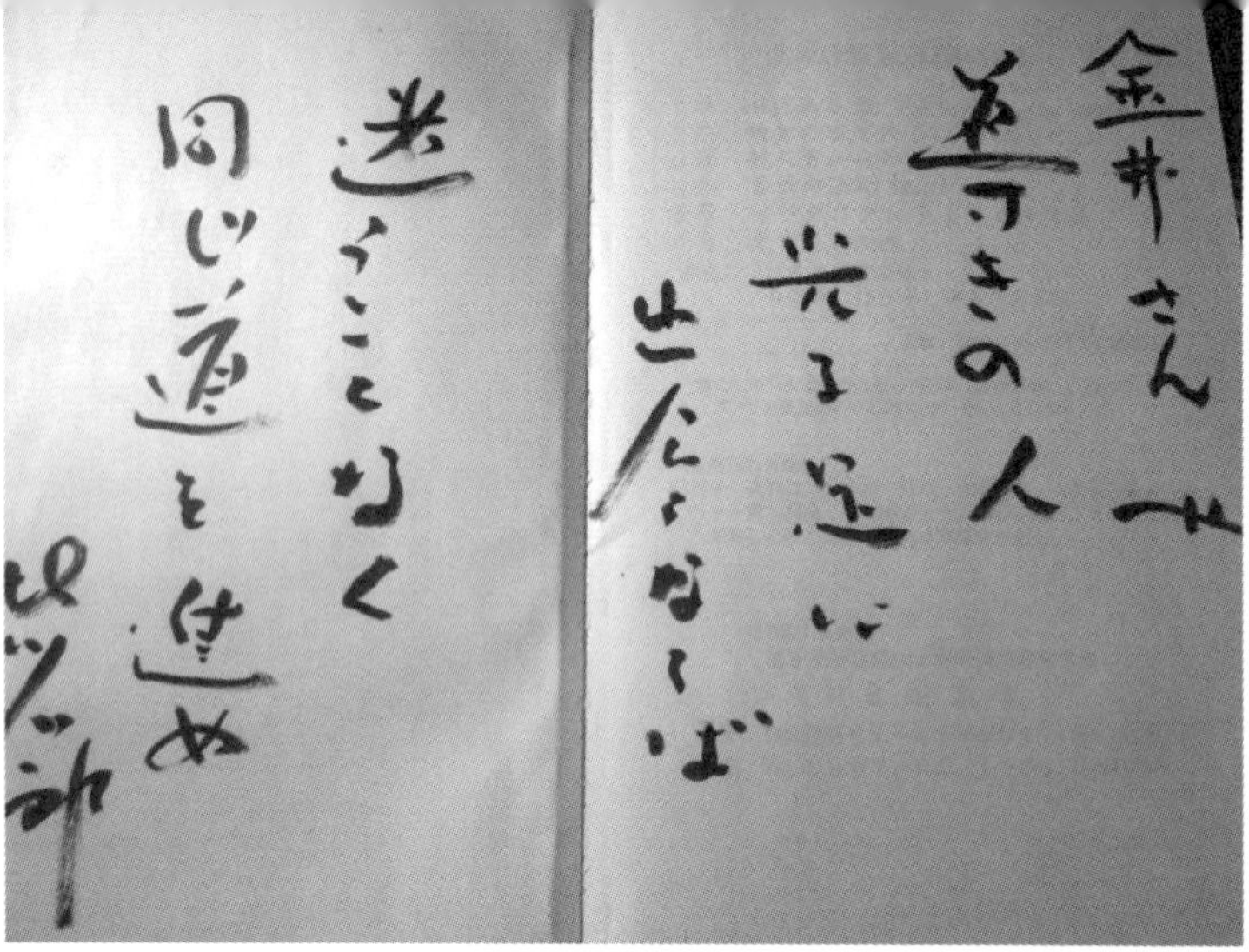

北川先生から頂いた言葉

四十歳で、久保先生と出会い、四十四歳で北川先生とのご縁をいただいた。それまでの人から受け取るばかりの生き方から、次第に少しずつ、人に与える生き方に変化。価値観が一八〇度変わり人生が輝いていく。

平成二十年七月に開園した小規模な保育園でも、仕事を通して人に貢献する喜びを感じるようになる。

自分が変わることで見える景色が変わる

平成二十三年、四十五歳の春、北川先生の経営者向け勉強会（満月の会）での学びが始まった。同年五月、初めての五日間断食を経験。心も身体もピュアに変化する感覚があった（北川八郎著『三日食べなくても大丈夫　断食のすすめ』に収録）。

断食、呼吸法、瞑想、ヨガなど先生からすすめられたことをひとつひとつ丁寧に実践していった。おかげで、胆力がつき、不安や怒りといった感情が少なくなり穏やかな心に変化していった。また、どんな出来事も肯定的に受け止める揺るぎない泰然自若さも手に入れる事になった。人間にとって最大のご褒美は安らぎと不安なき生き方、揺るぎない心であると実感している。

また、対人関係では、「家族や会社のスタッフといった身近な人に対してこそ、尊敬し感謝しなさい」という先生からの教えを実践。相手の価値観を否定する事なく受け入れる寛容さや、相手を受容することを心がけることでスタッフとの関係性が格段に充実した。

自分が変化したことによって会社の雰囲気も次第に良くなってきた。

今までは相手を無理やり変えようとすることで軋轢を生んでしまっていたが、相手ではなく自分が変わることで見える景色が変わる事を実感している。

変わったのは自分である。その結果、良き対人関係に恵まれ、人との関係が優しさや思いやりといった穏やかな関係が築かれている。以前は、愚痴や文句を言う人が周りに沢山いて、会社でもクレームやトラブルが絶えなかった。

今は、笑顔で囲まれることが多く、会社でのトラブルも激減している。業績も少しずつ上向き傾向にあり、よくなる兆しが見え始めている。

人生で起こる事は、自分の心の在り方が原因だという気づきを得た。

北川先生に師事することで心の修養を積んできた。

初めは形から入り、とにかく真似をする。

そして徐々に心にじわりじわりと染み渡り、心の在り方が変化していった。

上っ面ではなく、仕事というか、人生そのものの土台が「愛」と「感謝」であることに行き着くことができた。

そして「愛」と「感謝」には順番があるということにも気づきを得た。つい先日までは、「愛」が先、「感謝」はあとからという考え方であった。

自分に関わる人々、仕事であればお客様であったり、共に働いてくれる仲間、お取引先。そういう人たちに、愛、やさしさ、思いやりといった心を形に変えて与えていく。そうすることで、自分に小さなありがとうがたくさん集まってくる。そう考えて生きてきた。

これはこれで間違っているわけではない。

しかし、最近は、「感謝」が先、「愛」は後であることに気づいた。

お客様は数ある飲食店の中から、我が社を選んで下さった。

そのことに心から感謝します。

従業員の皆は数ある会社の中から我が社を選び働いてくれている。

生まれ変わった金井宏道社長

そのことに心から感謝します。

だからこそ、お客様にできる限りのこと、できる限りの愛を差し出すことを形にしたい。

だからこそ、従業員の皆にできる限りのこと、できる限りの愛を差し出すことを形にしたい。

仕事の土台、人生の土台は「感謝」。その上に「愛」という行為がのるということに気づいた。

お客様に、従業員の皆に、関わる人々に多くの幸せを頂いていることに感謝。この感謝の気持ちを愛、やさしさ、思いやりといったあたたかい心を形に変えてお返しする経営をしていこうという信念ができ上がった。

スタッフも成長してくれた。

入社当初、社長のようなきれいごとばかり言っていたら、売り上げは作れないと反発していた富田マネージャー。彼も心の在り方が変化し、目先の利益より信用を選ぶようになり、店舗スタッフにもいい影響を与えてくれている。

彼の担当する店舗は、この夏（平成二十五年）、開店以来、過去最高売り上げを達成、埼玉県で一位、全国でも八位に輝いた。（これらの店舗は埼玉県でも人口の少ない郊外地域であり、売上を誇ることができない場所にあって、この成績は凄いと思われる）

働くスタッフが誇れる会社経営を目指して

自分の苦手なスタッフと向き合うことが出来ず、何かとイライラし、結果を出せずにいた須見店長。今までの自分は、人を評価し、選別していたことに気づき、その後、店舗スタッフとの関係性が改善。スタッフからの協力を得て、早朝ポスティングに取り組んだ結果、平成二十五年十月は前年比一三〇％を達成し、伸び率ランキングで全国ベスト八に輝いた。心が成長することで実績は後から必ずついてくることを証明した。

人に喜ばれれば誰でもうれしい。「ありがとう」をいただくことができる。「ありがとう」の連鎖が、会社をよくしていき、やがて社会をよくしていく。

売り上げや利益を上げる事というのは、人を喜ばせた結果として後からついてくる、お客様からの通信簿だ。

仕事を単なる仕事とするのではなく、ひとりでも多くの人に喜んでもらうことを目的に、日々「ありがとう」と言って頂けるようにし続ける事を忘れず生きていこうと思う。

平成二十四年九月、満月の会の同志㈱オルガニック・コンセプト・デザイン社長の土橋弘直さんのご協力を得てスタッフの心の教育を始める。「怒りなく感謝する経営」「働くスタッフが会社を誇れる経営」「関わる人に幸せをお届けする経営」で「いい会社ですね」と人から愛される会社を目指している。

この二年間私は、家族や会社のスタッフといった身近な人に対してこそ、尊敬し、いつもありがとうございますと感謝。良きものを投げるように心掛けてきた。

宇宙は、調和と秩序に守られている。天や神、宇宙が応援したくなる事、すなわち、一人でも多くの人に喜んでもらえることを目的に生きていこうと思う。

結びに、毎日を穏やかに生きる事は、自分自身の意志の力でコントロールできる。感情や思考がネガティブに向おうとしたとしても、意志力でポジティブに切り替えが出来る。

この意志力を養うものが、食であり瞑想であり呼吸法だ。

食は一番大切で、肉食、動物性の食品ではなく、野菜中心に少食にすることが一番のアプローチだということをお伝えする。

平成二十五年十二月、体重はマックス八十四キロから二十キロ減り、六十四キロ。毎日健康で穏やかに生きている。感謝。

心に刻んでいる「繁栄の法則」

①ひたすら、良きものを与える事。一〇%損する、「与える事」と「感謝」。
②事にあたって業績のマイナスの予想はしない。良き未来を口にする。予祝する。
③「時を急がず」拡大より充実させる。饅頭の数を増やすのではなくアンコを増やす。
④「利」より「信」を選ぶこと。損することを恐れず信用を選ぶ。
⑤「自己犠牲」と徳のレンガを積む。自分だけの利益を求めていては、繁栄はない。
人の役に立つ事を考え他者に感謝する。
感謝というのは、ありがたいと思うだけではなくて、ありがたいと思った事を、人にも同じ喜びを与えて初めて感謝が完成する。ありがたいと思ったら必ず返すこと。

「返謝で感謝が完成する」
「感謝を知る人は利よりも信に生きて安らぐ」

『繁栄の法則』より

金井宏道　二〇一三の合言葉
☆Shantiシャンティに生きましょう♪
☆Shantiシャンティとは心が平穏で、静かに幸せな気持ち。
至福、平和、安らぎを 意味します。

金井宏道　二〇一四年の合言葉
私と私に関わる人々が笑顔になれる生き方を選択していきます。
そのために私は、日々、敬愛・貢献・感謝の3つの原則を意識し
行動していきます。
そしていつでも、心は　☆Shantiシャンティで♪

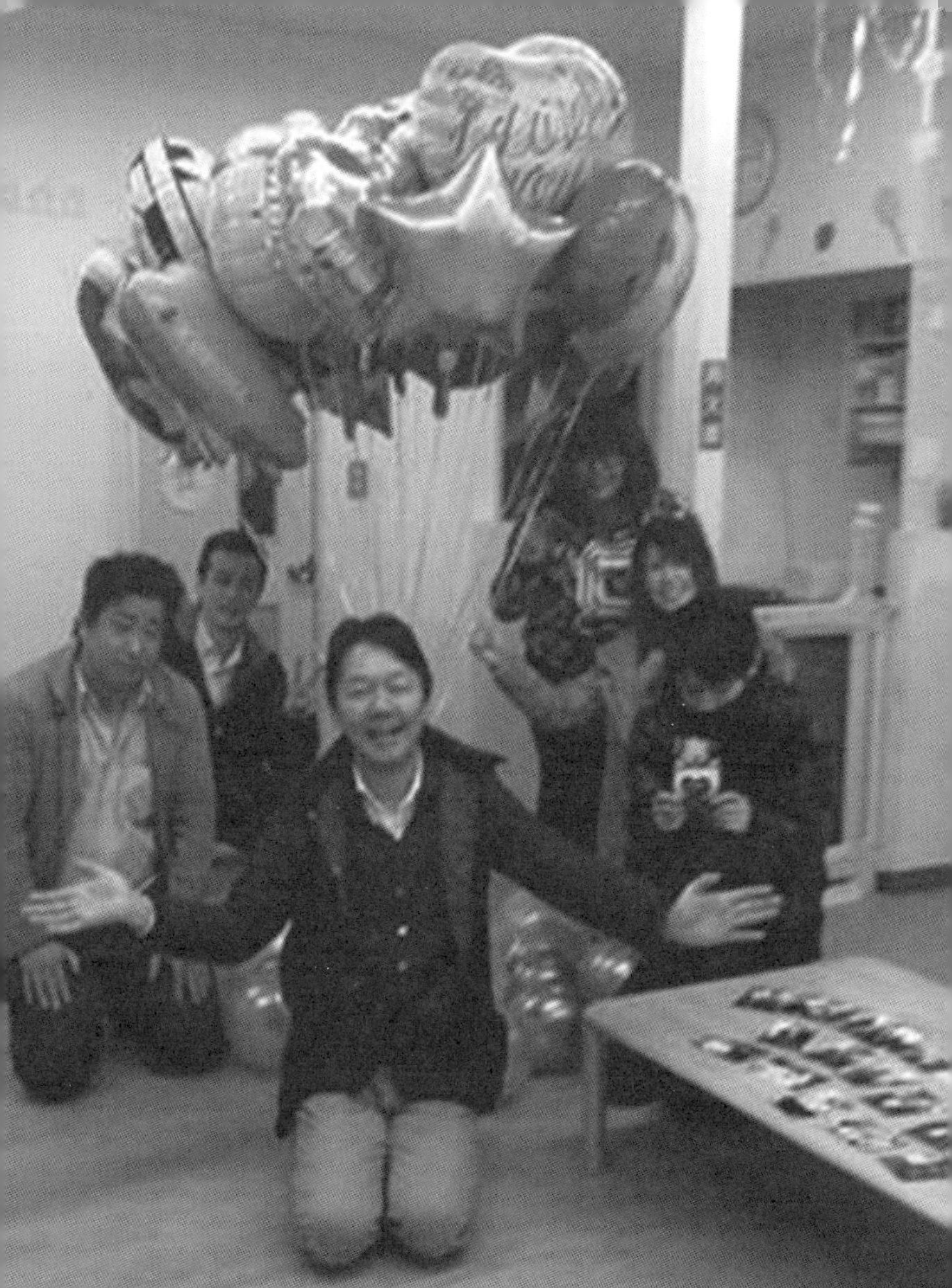

スタッフがサプライズで金井宏道社長の誕生日を祝ってくれた

31　自分が変わりスタッフも会社も輝き始めた
（有限会社広和 代表取締役社長 金井宏道）

有限会社　広和

平成６年５月創業
平成６年４月　ピザーラ霞が関店（川越市）
平成７年３月　ピザーラ蓮田店（蓮田市）
平成７年 12 月　ピザーラ日高店（日高市）
平成２０年９月　あゆみ保育園（桶川市）

正社員１０名、パート・アルバイト８０名
（平成 25 年 12 月現在）

【金井宏道のブログ】人のこころを耕すお話
日々の気づきや学びを書いてます。
http://profile.ameba.jp/h8126/
facebook でも毎日投稿しています。
May peace prevail on earth

お菓子には人を幸せにする魔法がある

株式会社 菓匠 Shimizu
代表取締役社長　清水慎一

僕が目指すものは、
いわゆるモノを売るだけの
【店作り】ではなく、
夢や感動や喜びや安心を感じるコトのできる
【居場所創り】です。

八月八日は「世界夢ケーキの日」

菓子創りは、夢創り。

菓子屋が変われば、世界が変わる！

僕は、本気でそう信じています。

そして僕は、スタッフ達に「人を幸せにする菓子屋になりたい」と言い続けています。また「子供達に夢を与えることが僕たちの使命だよ」とも伝えています。

お菓子（ケーキ）は、食べると幸せ感が生まれる魔法のアイテムです。その力を活用して子供達もスタッフ達も「菓子創りは、夢創り」を実感できるイベントがあります。菓匠Shimizuが取り組んでいる夢ケーキ創りです。

二〇〇六（平成十八）年、「お子さんの夢をケーキに仕上げます」との呼びかけに九枚の応募用紙が集まりました。そこには家族で一生懸命に描いた夢の絵があります。その横に「お父さんの夢」「お母さんの夢」「僕・私の夢」がつづられています。

ここで作るのは、単なるケーキではありません。子供達と、お父さんやお母さんの夢を

夢ケーキ　スタッフ

形にしたものです。費用はこちら持ちです。スタッフ達は世界に一つのケーキ創りに工夫を重ねて仕上げます。そして予定日に直接お客様にお渡しします。

　子供達、そしてお父さんやお母さんの笑顔、涙を流される人もおられます。スタッフ達はそれで、仕事の意味、使命を実感できます。スキルも間違いなくアップします。二年目は五十四台、三回目は三〇〇台を超え、二〇一一年には八五〇台に増えました。スタッフ達は本当によくやってくれました。しかしお店でできる限界も感じていました。

　二〇一二年はスタッフから、だんらんの時間をさらに増やすために、ご家族の方たちと一緒に創るのはどうか、という提案があり、参加型の夢ケーキを実施しました。カフェス

夢ケーキ完成

ペースで行ったのですが、ご家族の思い出にもなることで、予想以上に素敵な時間が生まれました。今現在は、経費は一部負担してもらい地域の公民館やホール、体育館などを借りて、毎年八月八日「夢ケーキの日」（一般社団法人 日本記念日協会　認定）を制定し、その日に合わせて行っています。

この夢ケーキは、伊那のお菓子屋さん、関連の業者さん、志を同じくする同業の方にも協力頂いています。競い争う【競争】ではなく、共に創りだす【共創】の具現化です。自店舗だけの繁栄を目指すのではなく、地域のライバル店ともいえる同業の皆さん、またパートナーとなる取引先の皆さんと一緒になって喜びを創造するという素晴らしいイベントとして成長しています。

また「夢ケーキ創り」は、二〇一一年に発足したNPO法人Dream Cake Projectによって広がりをみせています。八月八日だけではなく、全国のお菓子屋さんの各店舗のイベントとして年中行事になっていたり、小学校や中学校、福祉施設などでも取り組んでいます。さらには東日本大震災の地域にも出向いてやっています。子供達の心の中に「誰かの役に立ちたい、この人を喜ばせたい」いう強い思いがあることを知り、こちらが勇気をもらっています。

生まれ育った伊那で菓子屋をやることが僕の使命

菓匠Shimizuは祖父が創業し、僕は三代目になります。母はよく「伊那で一番、長野県で一番と言われるお菓子屋さんになりたいね」と言っていました。その影響と思いますが、ならば僕は「日本一のパティシエになるぞ」と思って、東京で二年間修業してから言葉を話せないままお菓子の本場であるフランスへ二〇〇〇年修業に行きました。

「本物のフランス菓子」を作りたい。不器用な僕も頑張って飴細工の世界大会で入賞することもできましたが、自分は日本人であるという意識がどうしても離れませんでした。果たして日本人の僕が、わずか一、二年の間で歴史の長いフランス菓子の文化を完全に理

菓匠 Shimizu 全景
フランスのプロ ヴァンス地方の風景を再現

解できるのだろうかという疑問が湧いてきたのです。

そもそもフランス菓子は、フランス人の職人が、フランスの素材を使って、フランスの人たちのために、フランスで作ったときにこそ、正真正銘のフランス菓子となるのです。僕は日本人です。どんなに頑張っても、本物にはなれないのではないかと僕は思います。

では僕のできることは何だろう。日本人として、日本の、長野県の、伊那市に生まれ育って、伊那の地で菓子屋を営むとなれば、地元で育った素材を使って、同じ風土の中で暮らす人達に喜んでいただけるお菓子を作ること。フランス菓子の技術を使いながら、地域の人達に愛されるお菓子を作ることこそが、僕の使命だ。そのほうがずっと自分らしく、自信を持って多くの人を喜ばせることができると思ったのです。

「そうだ、僕はどこまでいっても日本人なんだ」

日本人としての自覚に目覚めたことで、日本人としての誇りが生まれ、日本人として恥ずかしくない生き方をしようと思いました。そして伊那で生を受けた人間としてこの伊那に恩返しができるようになりたい、と。そう思えたことは、僕にとって本当に大きな収穫でした。この気づきが、僕の可能性を広げてくれたと感じています。

日本を発つ前の目標だった日本一は、「マスコミに頻繁に取り上げられる超有名人」から、「日本一」いや、「世界一」人を喜ばせ、「人を輝かせる菓子屋になろう」に変りました。

両親から学んだ家族の絆の大切さ、仕事の原点

フランスから帰国した後、熊本の「アントルメ菓樹」で修業し、伊那の実家に戻りました。腕には自信はある。理想も夢もある。誰もが羨む店を作ってみせる。そんな僕を迎えたのは、受け入れがたい現実でした。接客態度、商品陳列、掃除、技術、あらゆるものの欠点が目につき、感情にまかせ母やスタッフを怒鳴り散らしていました。

もう我慢できない。ことごとく両親とぶつかった僕は、妻に言いました。「家を出て自

分の店をやろう」と。しかし妻は「出て行くなら一人で出て行って。両親を楽にしたいんじゃなかったの」と言うではありませんか。黙って妻の言葉を噛みしめるしかありませんでした。

そんな時、長男「大雅《たいが》」が生まれました。妻の実家から我が家に戻る時、長男を抱えながら、ふと「自分も生まれたときに父が僕をこうやって抱っこしていたのかなー」と思ったのです。その瞬間、胸がぐーっと締め付けられるような感じになり、申し訳ない気持ちになって子を思う両親の心に思いを馳せました。

このままではいけない。それから僕が掲げた自分自身へのテーマが「取り戻す」ことでした。純真無垢な子供のころの心を取り戻したい。それは、両親や周りの人たちに対する態度も同じです。子供のころになんでも話ができた親子関係を取り戻そう。そう思って週一回の家族ミーティングをやることにしました。あるとき母が涙を流しながら、「お父さんと仲よくやってね。お店の売り上げや利益よりも、お前とお父さんが仲よく仕事してくれることのほうが大事だし、そのほうが嬉しいから」と僕に伝えてくれました。

また母方の祖母も「人がこの世において幸せに生活させて頂くには、常に自分の立場や役割をよく心得て、おのれがなすべき務めを、責任をもってはたして行くことが大切である」という手紙をくれました。さらに祖母は僕に、「慎一、お前は自分のためだけにが

接客スタッフ

んばっていないか？　自分のためだけにがんばることはつまらんぞ。自分以外の誰かのためにがんばれる人間になれ。」物事がうまくいかないとき、いつもそう言われていました。祖母の言葉はいつも心に響き、亡くなった今は以前よりも深い教訓となっています。

また、ある日のミーティングで父が「菓匠Shimizuの存在価値は何だと思う？」と聞いてきたのです。面倒くさいというのもあって「そんなのいいよ。うまいお菓子を創るだけだよ」と答えました。本当は、そんな答えではという感覚はあるのですが、それが言葉に出てこない。

すると父は「もちろん、それもそうだけど、今日、働いてくれた社員さん達が、今日も一日働いて、今日も良かったと思ってもらえることじゃないかな」と言ったのです。

この言葉を聞いて、「本当にそうだよな」と、僕は心底感動しました。家族の絆を大切にする、スタッフを大切にする、その心が僕にはなかったのです。この原点を決して忘れてはいけない。僕は今、これを大事な、大事な経営の原点にしています。夢ケーキ創りの原点もまたここにあるのです。

約二年間、両親とぶつかっていましたが、今になってみれば僕の本当の修業だったような気がします。

社内独立 ― 社員の夢を形にしたい

こうして僕は菓匠 Shimizu を引き継いでいるわけですが、実は菓子屋になりたくてなったのではありません。むしろなりたくなかった。それを決意させたのは、菓子屋の息子として「お菓子屋にならなければ」という義務感、それに「母を助けたい」という思いが強くあったように思います。

仕事がうまく覚えられずに悩んだり、行き詰ったりした時は、いつも「母を助けたい、両親に楽をさせたい」という思いが出てきて乗り切ることができました。そして今、自分の店を持ち切り盛りできるのは両親のお蔭であり、本当に僕は恵まれていると思います。

社員旅行　会津藩校　日新館

実はこの業界で独立するのは資金面でかなり厳しいものがあり、諸般の事由により、独立を許されない状況もあったりします。そういう現実があるなか社員の夢をどう叶えるか。

「社内独立のような形で、うちの店で働きながら、権限もあって、自分のやりたいことをやればいい」と言っています。これは僕にとっても、いい形だと考えています。

実は、二階のカフェスペースは以前倉庫でした。カフェをやりたいというスタッフの希望を形にしたものです。また、お菓子教室もしたいという希望もあり、調理室を作りました。ここではお客様の記念日に合わせて一緒にケーキ創りをしています。ガラス張りになっていて、カフェから見えるようになっています。

また新しく部門を設け、地元の農家さんの協力を得てファーム事業も始めました。お母さんが安心して仕事ができるように、託児機能を持つ社内こども園も計画中です。社員一人一人が働きやすい環境の中で、自分の可能性に気づきながら、過度な負担なく仕事に打ち込める、そんな居場所をつくることが今後の菓匠Shimizuの経営指針の大きな軸であり、僕の役割であると思います。そして、それが結果として、お客様の喜びを生み、地域貢献できる活動に広がればと思っています。

最良の時に北川八郎先生と再会

もう九年くらい前になりますが、取引先の方から北九州にある美容室バグジーさんが紹介されているDVDを頂き、「凄い人がいる、会ってみたい」と思って、今までセミナーに出たことのない僕が、久保華図八《かずや》社長のセミナーに参加しました。

そこで北川八郎先生のことを知り、『繁栄の法則』をすぐに買って読みました。凄いことが書いてあるけど宗教チックだな。でも、いつかこういう感じになれたら、僕自身ももっと成長した人間になれるだろうなと思いました。でも、それで終わっていました。

ところが二〇一三年九月十六日、台風の日に福島県の相澤俊一さんが先生を伊那のお店へお連れしてくださったことで、ご縁がつながり、十一月の満月の会にお誘いいただき第三期の生徒になりました。

そのときにいただいた直筆のお言葉を僕の机に飾ってありますが、それが、

心には力がある

良き想い

良き期待は

形をなす

というものです。とても深いお言葉であり、いつも自分の行動指針としています。先生はこのお言葉の逆の意味を僕に伝えたいとそのときおっしゃいました。悪しき想いや悪しき期待は形をなさない、という警告を僕にしてくださったのだと思います。

僕はここ数年、経営というものに、というよりも自分の生き方や周りの人たちとのつながり、そして「夢」という言葉にさえ迷いと悩みを持っていました。以前は、誰よりも熱くなりたい、情熱こそが生きる力だ、そんな思いが強くありましたが、ここ数年は、熱さよりも温かさのある人間でありたいと思うようになりました。

ガツガツギラギラと力むよりも、落ち着いていて、いい意味で気配のない自然体でいら

っしゃる方が、本当の意味での成功者には多いのではないかと思ったからであり、最近出会いをいただく方々が実際にそうであったからです。
夢は一人で我武者羅になるだけでは叶わない。
周りの人の理解と協力があってこそ叶うものだ。

鏡開きの日に合わせて行っている餅つき
（平成 26 年 1 月 10 日）撮影　入部直之氏

そう心から思えたときに、勢いに任せて「夢は必ず叶う！」と、自分一人の努力でどんな夢でも叶うと強く語っていた自分が、小さくそして恥ずかしく思えてきました。これは僕にとって大きな転機だと感じています。そう思える今だからこそ、今までよりもさらに「夢」を大切に生きていきたいと思います。

二〇一四年（平成二十六年）正月、僕は自分の生き方として「然」を掲げました。自然の然です。そのことが北川先生の教えに結びついていると強く感じます。

人として、また経営者としてどうあるべきか。

「安らぎある人生を送るには、争い合うのではなく、敬い合い補い合う人間関係を構築し、無敵な経営を目指しなさい。そのためには安らぎを得る覚悟を持ちなさい」とお教えくださいました。

また北川先生は、**【人間経済の到来】**をおっしゃいます。

「自分よりも相手を富ませること。人間からのご褒美よりも神からのご褒美を得る仕事を為すことが本来の経営である。自分が少しくらい損をしても、相手の利を優先させることが大切であり、戦略や戦術といった知識にこだわり過ぎると世の中を乱すことになる。だから、利より信を選びなさい。利は信についてくる」と。

そして、今の僕への教えの中で、「夢というものを今一度考え直しなさい。夢という言葉は取っ付き易い反面危険性を伴っている。人の心を乱すような夢ではなく、人の役に立ってこその夢。安らぎや生きる希望が本当の夢であり、それ以外の夢は夢ではない」

今の僕の心の悩み、行き詰まりを見透かされたようなお言葉にいつもハッとさせられ、大きな気づきをいただいています。まだまだ、様々な誘惑に負け、自分中心に物事を考えてしまう僕ですが、北川先生の教えを実践し、周りの人たちに安らぎを配れるような大人になりたいと思います。

今この瞬間に北川先生とのご縁をいただけたことは、僕にとって最良の出来事であり、今後の人生において大きな意味があると確信しています。

単なる菓子職人ではなく自立した人を育てたい

心新たに菓匠Shimizuでは、二〇一四年の社員採用を全員、初めて専門学校ではなく普通の高校卒業生（女子三、男子一）にしました。菓匠Shimizuのスタッフは、間違いなく力をつけて成長しています。その仲間達で仕事をすればやりやすく、話も簡単に通じます。しかし将来を考えた時、それだけでいいのだろうか。何のために仕事をするのか、その原点に我々自身が今一度戻ってみる。お菓子作りも知らない若者に、それらを含めて教えることは、実は我々自身が勉強になることだと思っています。

僕の希望は、単に菓子職人ではなく、今後展開していこうとする新しい部門を任せられる自立した人を育てたいのです。誰もが自分の可能性に気づき、支え合い補い合うことで、道は拓けると思います。

スタッフが人間として成長すれば会社も成長し、何より本人が一番幸せ感を味わえると思うのです。スタッフの夢を叶えることが僕の夢です。

幸い菓匠Shimizuはスタッフのご家族が良いお客様であり、「菓匠Shimizuで働いているんだよ」とスタッフを励ましてくれます。本当にありがたいことです。

お客様がワクワクするお店づくり、そのためにはスタッフ自身が安心できる居場所、ワクワクする環境を整えなければなりません。それをするのが僕の役割です。

携わる人すべての、安心感とワクワク感を作り出す日本一のお店でありたい。

改革を進めながらスタッフと共に取り組んでいます。

清水慎一社長

清水 慎一（しみず しんいち）

全国でプロ向けの洋菓子技術講習はもちろん、小中高校などの各教育機関において、道徳や夢を実現するための、子供と大人のキャリア教育なども積極的に行っている。

1975年（昭和50年）1月　長野県伊那市生まれ
1997年　東京洋菓子倶楽部ドルチア　修業
2000年〜2001年　渡仏 有名店で修業
　クープ・ド・フランス　アンテルシュック入賞　飴細工の世界大会
2001年　帰国　・熊本　アントルメ菓樹　修業
2003年　帰郷　・菓匠Shimizu入社　シェフパティシエ　就任
2005年　・菓匠Shimizu新店舗リニューアルオープン
2006年　・夢ケーキ開始
2010年　・NPO法人Dream Cake Project　設立認可　理事長　就任
2011年　・東日本大震災後、被災地小学校での「夢ケーキプロジェクト」開始
　・8月8日が『世界夢ケーキの日』として認定される
　（日本記念日協会）
2012年　株式会社菓匠Shimizu代表取締役　就任 現在に至る

著書

2009年　DVD「菓子創り夢創り〜夢源のチカラ〜」（光洋）
2010年　『世界夢ケーキ宣言！〜幸せは家族だんらん〜』（文屋）

平成26年4月28日、伊那市の「いなっせ大ホール」で北川八郎先生講演会＋清水慎一トークセッションが開催された。題して「繁栄の法則」。当日は高校生の参加もあり、経営者向けの話とともに「誰かのために頑張ろうと具体的にその人を思うと、不思議なくらい力を発揮することができる」と具体的な例を挙げて話された。
その後北川先生と清水慎一社長の対談となり、会場からも質問が出ていた。
写真撮影　川上学氏

私が本気で「人生の卒業式」に取り組むわけ

株式会社 マリアージュインベルコ千歳支社
取締役支社長 今野良紀

トコトン不良を目指して　誰も信じられなくなった

少しだけ私の歴史にお付き合い下さい。

私は、ごく普通の家庭で厳しい両親のもと、姉ひとりと四人の家族で育ちました。しかしながら、何故か小学、中学と気性が荒く、わがままな私は、虐めや暴力を沢山の人に与えてきました。

そんな中、悪のリーダー的存在だった私は、中二の時に突然すべてのクラスメイト、同級生から無視されました。それはそれはショックで、孤独の中、悲惨な日々を送り、何度も寂しさと悲しさの中「自分なんかこの世で生きてる意味や価値なんかない」と何度か死ぬことも考えました。この世に勝手に生んだと、親を恨んだことさえも。

「命ってなんだろう、自分は何の為に生まれてきたのか」、生かされている意味も解らずに毎日悩み、そして自分が嫌になり、このままでは本当に駄目になると思い、死ぬ勇気があるならば、何でもできると、毎日毎日体を鍛え、空手、ジョギング、筋トレ等、孤独に耐えぬいてきました。

そんな中、世間体を重んじる両親は残念ながら私の気持ちを聞いてもくれませんでした。そして「高校に行かないと碌な大人に成れない」と日々言われ、仕方なく試験の三ヵ月前から家庭教師までつけられ猛勉強しましたが、結果志望校は落ち、地方の炭鉱町のバスで片道一時間三十分かかる、当時ガラの悪い、北海道で一位二位を争う不良校に行くことになりました。

そこで地方から来ていた私は、若さの至りもあり、どうせならトコトン不良になると決め悪の巣窟応援団に入部しました。しかし先輩達からすぐ目をつけられて袋叩きの隙を狙われていたのです。

そんな中私は若かったせいもあり、応援団の練習をさぼり友達とパチンコに行ったのであります。お決まりのようにパンチパーマと長ランを着た先輩に見つかり、

「こらっ滝川人、明日屋上にこいや」と言われました。

友達は怖さのあまり学校にはそれっきり来ずに、結果学校を辞めました。次の日私はビビりながらも一人で処刑台の階段を上がるような想いで放課後の屋上への階段を上がっていったのです。

その時の恐怖は想像を絶するものでした……体は震えていました。

それこそ私を生意気なガキと思っていた応援団の先輩だけでなく、サッカー部、ラグビ

ー部、見物人と沢山の男連中に囲まれ、そこで私はメガネを自ら取って正座しました。この時、私の中に今尚苦難に真正面から立ち向かう勇気の楔《くさび》を胸に打ち込めたと、そして物事から決して逃げない自分軸ができたのです。

最初の一撃は今も忘れません。サッカーシューズで思いっきり頬を叩かれ「キーンー」と耳が聞こえなくなり、あたり一面痛さのあまり真っ白になり気が遠くなりました。

その後も次々と手や足で何度も蹴りが入り――以前にも沢山のヤキを体験してきましたが――この時ばかりは手加減も容赦もなく、今にして思うと空手をやったり体を鍛えていなかったら死んでもおかしくないほどのものでした。

気が付くと立つこともできずに、屋上で血を流しながら倒れている自分がいました。悲しくて情けなくて悔しくてその思いが復讐心を掻き立てました。

顔はボコボコに腫上り血だらけで、足を引きずり何とかバスに乗り実家に帰り、緊急病院に行き脳も調べ、全身打撲と視力が低下し、パンチドランカー状態でした。

それでも次の日、私は悔しさと情けなさと大きな怒りの中、包帯だらけで松葉杖をつきながら、「先輩が何か言ってきたら」全員殺すつもりで学校へ行きました。小さなナイフを隠して……。

そして放課後、何とか屋上に行くと、一人のリーダー的な先輩から「お前すごいな　根性あるな　大したもんだよ」と激励され一気に興醒めしてしまいました。

全てが馬鹿らしくなり、一気に覚めたのです。

若かった私でも「あーあこれで此処での修業と学びは卒業だな」とさとりました。

それから私は学校に行かなくなりました。親は私の辛さや苦しみを思うよりも「学校へ行け、学校へ行け」と言います。

学校へ行ったら行ったで先生にも「お前なんか来るな!!」と言われ、反発すると授業中に二、三人の教師が私を職員室に連れて行き、横の道場に引き込み、何度も何度も投げ飛ばされ殴られ、とにかく親も教師も先輩も誰も信じられなくなりました。中二の無視されたときから高一までの三年間、ずーっと真っ暗な闇の中に自分しか信じれずに孤独でいたのです。

しかし、そんな苦悩の御蔭で、私は今まで多少のことは何一つ辛いと思わず、十五歳で社会に出ても走り抜けてこれたと自負しています。

必ず親と社長やこの会社で必要とされる男になる！

高校に行かなかった昭和五十九年当時、社会に出ようとバイトを探すために電話を掛けまくりました。すべて断られ、やっと一件の結婚式場が「明日おいで」と言ってくださりました。そこが私の今の会社でした。

初めてバイトに行った日は、蝶ネクタイを締め、会場の後ろにただ立ってるのが私の仕事でした。なにも解らず、どうしたらいいのか？　さえも。

しかし結婚式はクライマックスを迎え、両親への花束贈呈のシーンを迎えたのです。ずーっと闇の中にいた私は、世の中にこんなに感動的なものがあるのか？　と鳥肌が立ったのを覚えています。

山口百恵のコスモスの音楽と共に……感謝の言葉と花束を。

その瞬間、私の心のスィッチが全身音を立てて入ったのでした。その場に立ったままで気が付くと感動で涙が止まりませんでした。

その日のうちに社長を探して「この会社で給料はいらないから使ってください」と必死に懇願しました。

しかし社長は「高校卒業してからいらっしゃい」の一点張りでした。

諦めずに何度も押しかけ、漸く四度目で「本当にあなたってしつこいわね」と女性社長に言われ、当時時給四〇〇円で入社しました。

それからは休みなく毎日夜遅くまで、ありとあらゆる下積みや、いびり虐めにも楽に耐え抜いて来られました。

何故ならば、この仕事こそ自分で選んだ道、また自分でやりたい天職だと思ったから……そんな私を支えていたのは、必ず両親と社長に認めていただく、そしてこの会社で必要とされる男になる！

必ず雇ってくれた社長に恩返しする。

シンプルにこの想いが、私の礎でした。

頑張った社員が幸せになる会社にする

以来、冠婚葬祭の会社でしたので、十七歳で初めてご遺体に触れ、手を震わせながら白装束を着せたりと、葬祭業にはこのころより半分半分で関わって参りました。

十八歳の時には、葬儀の担当者として一切の現場を回していました。

それから月日は流れ、二十四歳で初めて営業（今で言うwedding planner）をしないかと言われ、当時の私は若いということも有り、態度も言葉遣いも目つきも、とても当時の七、三ヘアーの営業スタイルには属さないのでお断りしましたが、経営陣の強い熱望に負けスタートしました。

しかしながら私の持っている本心、一生懸命お客様のためにやり続け、またできない理由を決して言わず、全てにチャレンジし、目の前のお客様の予測を上回って喜ばせて参りました。

そして会社に改革の風を吹かせ始めました。

そのときから私の人生の扉が、少しずつ開き始めたのでした。

そして夢にまで描いていたweddingのプロデュースを勇猛邁進し始めたのです。

その時、現在の社長と立てた目的は「頑張った社員が幸せになる会社にする」でした。目標は「オンリーワンの式場」を御旗に立て、「常識を疑ってかかれ」をモットーに、または「俺たちは所詮、失うものは無い。最初からなんもないだろ。学歴もプライドもないから人が寝ている、遊んでいる間も仕事するぞ。ただ誇りだけは持とう」と。

私たちの当時の年間婚礼件数は一〇〇件と少なかったので、業界商圏エリアでは最低の件数を三〇〇件にすると目標を掲げました。

その為には世間の常識や、ものさしで選択しないと……。

たとえば、当時、我が町にも暴走族やチンピラが蔓延《はびこ》っておりましたが、その方たちは大体は、お金が無くて結婚式を挙げたくても挙げれないのがわかったのです。さらに妊娠率が非常に高く婚姻率と比例する。

そして友達も多く、友達をたくさん集められるとわかり、私達の当時の戦術として現役の暴走族を辞めさせて、入社した男三名女一名を私が営業plannerとして育てていったのです。

当時では異端児の戦術、お客様の両家負担を格安に条件付きでダウンしました。北海道は会費制のため会費×人数分の売り上げが上がる……ゲストさえ多ければ売り上げは成り立ったのです。件数は一五〇から二〇〇になり、二五〇になりついには三〇三を達成しました。五年間かかりました。

その間は、ヤクザにも沢山絡まれたり、公的機関から厳重注意があったり、また式の当日、本人が不慮の事故で亡くなったこともありました。また私の部下が交通事故で亡くなったり、沢山のおもわぬ体験をしました。そんな中目標達成するためには、手段は選ばず勇猛邁進してきました。

まだまだ書けないことの方が多くありますが、現場のリーダーであった私は、沢山の失敗や人の教育に日々自己成長させられました。今にして思えば学びの原点でした。

業績の上がらない結婚式場と葬祭場を請負う

このおかげで会社は利益を出し続け、その当時では珍しい、地元にセレモニー専用ホールを建てました。それがまた当たり、電光石火の如くプラス三ヵ所商圏にオープンしました。

この会社が一番乗っていた時期かも知れません。

そんな中、弊社の二代目社長は地方の（今の私の担当地区　千歳市）業績の中々上がらない結婚式場と葬祭場を請負で経営することとなり、赤字の式場に六年間の滝川での利益をつぎ込み続け、とうとう私に「今野さん、お前が行ってやってほしい、駄目なら借金して帰ってきていいから」と言われました。

代理として行くからには、二代目社長の願いを証明したいと心に刻み、即、住民票を移し立て直しにかかりました。

最初うまく行ったのは婚礼営業誘致のみでした。施行は、やればやるほどクレームの嵐でした。施行部が腐っていました。

スタッフ一同やる気に満ちている

料理は十年間同じ、plannerは自衛隊のOB、駄目な会社特有のリーダーシップが弱い放置の現場、仕組みが少なく共有がなくスタッフ間の挨拶もなく、ルールもなくばらばらのスタッフたち。頑張ったら損する会社の風土。

私に対しては皆が「あいつ何しに来たんだ」と言わんばかりの物凄い抵抗感……。

しかし私も当時は勢いがあった十三年前、三十二歳の時でした。

スタッフとぶつかり合いながらも、怒鳴る、殴るでしか表現できない悔しさと虚しさとの狭間にいました。

私が面接して育てたスタッフが、一名もいないのは本当に苦難でした。

しかし私が本社で学んだことも沢山引用

して……諦めずに毎日毎日戦いました。

現実は次々とスタッフの裏切り、横領、偽装結婚式、無免許運転等々、書けないことも沢山……そしてとうとう私も心が疲れ限界が来てしまい、人間不信に陥りました。救いを求め、じっとして座り他者の教えを受ける大嫌いなセミナーを聞きに出かけたのです。

「怒る」から「教える」スタッフが変わり始めた

しかしそのセミナーがきっかけで自分の心の師、北川八郎先生との出逢いにも繋がっていったのです。

そして私の心に勇気が湧き、学ぶことの大切さを知ったのです。

「怒る」から「教える」に変った瞬間でした。

もう腐ったスタッフにどう思われてもいい。

「強制的に心の勉強会を月二回するぞ！」

と決め実践しました。

スタッフは、ほぼ全員煙たがり、文句は言う。寝る。「残業代つくのか？」

本当に今にして思えば、ビデオに撮っておきたかった位の社員の腐りようでした。

共に涙を流し、共に学び、共に心を耕すためのありとあらゆるＤＶＤを集め、題材を決めメゲズに続けていくうちに、スタッフはＤＶＤを見て泣いたり感動したりするようになってきました。スタッフが少しずつ心を開いてくれてきたのでした。

そして気づきました。

私が一番心を開いていないんだと……

私が変わらないと……

「私がスタッフを信頼していないんだと……」

それに気づく前、深く落ち込んだ時に、

「次は何のＤＶＤ見れるんですか⁇」と、一人の女性スタッフが嬉しそうに尋ねてきたことがあります。

私は涙がこみ上げてスタッフの前で泣いてしまいました……。

一人でもいい、私の味方を作りたかった……。

私が変わり始めて道は開かれてきました。

千歳の競合他社を抜き、地域一番の件数をやる結婚式場に生まれ変わっていきました。

活き活きとしたスタッフが一人一人増えて……嬉しかったです。

が、しかし……神の試練は続いたのです。

ノロウィルス（食中毒）で沈没寸前　しかし新たな絆が

借金して結婚式場もリニューアル、ドレスも沢山仕入れ、勢いに乗り戦闘態勢が整った矢先に、弊社は当時では珍しいノロウィルス（食中毒）を出してしまいました。

その当時のマスコミの報道の在り方、またお客様のご理解も厳しく、弊社は病原菌扱いされ、再び一気に沈没していきました。

一一五名のお客様への謝罪と、お見舞い保障対応、明日の予約の宴会、今週の婚礼、来週の婚礼の対応、謝罪とご理解を求めるとともに未来形のご予約済みのお客様各位にキャンセルに成らぬ様、飛ばないように駈けずりまわり、対処とお詫びの日々。

この時はさすがにめげる一歩手前でした……。謝罪や対処が嫌で逃げて行ったスタッフも居ました。嘘をついていなくなるスタッフ。

本当に親身に協力して支えてくれた者もいました。ここぞとばかりに態度を変えてくる者や、こういう時こそ人々の本当の部分が見え学びました。

一ヵ月経ち落ち着いた時に私は、全スタッフを集め五十名の前で心から土下座してお詫びしました。何故ならば、私が厨房の料理長やスタッフに衛生の件で「駄目なことはだめ

自らの仕事に誇りを持って

っ！」と勇気を持って言えてなかったことへの無念と後悔があったからです。

風評被害で営業スタッフやすべてのスタッフ、そのご家族に多大なるご心配と重荷を与えたのは私の責任であるからです。


その時のことを今でも覚えています。

数名の一緒に乗り越えてくれたスタッフも、共に悔し涙を流してくれました。その事件で責任をとって当時の料理長は解雇になりましたが、副料理長（現在、総料理長）を……私は辞めさせませんでした。

「辞めるのが責任を取ることではない。この重荷を俺たちは一緒に一生背負って共に戦っていくことこそ真の男の責任だっ」と熱弁しました。

そのおかげで、彼は生まれ変わりました。今でも彼は衛生のことで当時を思い出して涙し、二度とお客様・パートナー様、スタッフ一同とそのご家族に迷惑をかけまいと、スタッフ教育を続けてくれています。

そして彼は三年間不眠不休で働き、弊社の信頼復興に努めてくれました。

しかし、この食中毒という災難があったからこそ、苦難が幸福の門の入り口となり、また新たにスタッフとの本当の絆が深まりました。

最悪の葬儀場部門　大改革に向け新たな決意

そんな中、一息つく暇もなく今度は調子のよかったセレモニーホール（葬祭場）が二ヵ月連続で業績低迷しました。

ここの施設も冠婚同様、人間関係の悪さや放任されたスタッフの巣窟で、目に見えない毒が蔓延しており、流れ作業をしていて心が全くありません。お葬式という仕事をする心構えが全く無く愕然としました。

私がトップになった途端、スタッフ全員に防衛本能と化学反応で当然の如く煙たがられましたが、私は大改革を決意いたしました。

平成26年度リアン&シティホール合同勉強会

会社の周辺一帯の早朝のゴミ拾いを決意し、朝スタッフが出てくる前に始めました。

台車にゴミ箱を紐で括りつけ、雨の日も、風の日も、毎日続けました。無視され空しく悲しい日々……一部のスタッフはそんな私をバカにして笑っていたのを知っていました。

しかし自分で決めた道です。本気の背中を見せる為にも、めげずに継続しました。そんな中、ある日不思議なことが起きました。早朝六時過ぎの小雨が降る中、道脇に一枚の乾いた紙切れが落ちていてそれを拾いました。

その紙には「我も彼も又、皆同じ宝珠の如し」と雨の日にも拘わらず、乾いたまま落ちていました。

私は直感的に天からのメッセージと思い、急いで帰り、パソコンで開いてみました。

意味は「全てあなたの思う通りになります」と言うメッセージでした。誰もが見ていなくても、お天道様はいつもいつも見ていてくれてるんだということが温かく胸に刻まれました。この時も涙が溢れ出ました。

そして、大改革を新たに決意しました。

誰しも嫌われたくないから適当に愛想の良いことを言ったりします。それでは人は育たない！　真の愛情があるなら叱るべき時には断固叱る勇気を持つこと！　と決め、「人の悪口を言うな！　毒を吐くな、不平不満や愚痴を言うな！　意見なら、朝まで聞く！」と宣言。それと私は、社員を幸せにしないと、社員はお客様を大切にしないということに気付きました。共有のモノサシ、判断軸を構築するには心を耕すことが大事だとして、月に二回の心の勉強会を強制的に実施しました。

葬儀を通して「悔いの無い特別な人生の卒業式を」

弊社厨房では、故人様のお好きだったものをお聞きし、実際に食べれる状態でご仏前にお供えさせていただき、ご遺族様に食べていただき、ご供養していただいております。

仕事を通して人生修行し成長するスタッフたち

勿論、担当者は、お通夜の日は館内に泊まりご遺族様に不安を与えません。

最期のご出棺の場面では、悔いの無い特別なお別れができるよう、ご葬家様へ様々なご提案をさせていただいております。

実例の一部ですが、故人様が誕生日前後に亡くなった時は、担当スタッフはバースデーケーキを用意し、他のスタッフ皆に呼びかけ心をこめて歌を歌ったり、結婚式を予定していた故人様の時などは、最期の出棺の場面にてドレス、タキシードを用意し会場にバージンロードを敷き、フラワーシャワーなどで結婚式に見立てて見送ったことも……。

本当に痛切に悲しいことですが「悔いの無い特別なお別れ」のご提案にご理解していただき進めて参りました。

春の大清掃大会　パートさんと全スタッフが参加　朝礼から始まる

担当者や施行スタッフ一同は、モノや技術を売るだけでは無く、心を売ることを腹に落とし、給料や時間では働かず、この仕事に使命や役割を見い出し、「仕事を通して人生修行し成長する」ことを、自主性を持って、継続しております。

自分の人生が己の為だけではなく、多く人々の為、そして世の中の為に大切な何かを成す為に与えられた、その使命感に支えられ、決して葬儀を儀礼事として終わらせるだけではなく、送る側の方々が故人様に深い感謝の心を伝える場でもあり、悔いの無いお別れを私達は志を高く持ち提唱し感動のステージを心込めてプロデュースしていきます。

葬儀市場は今後も成長拡大の一途をたどります。

損得だけの志の低い新規参入組も増えてくるでしょう。

しかし簡素化した価格勝負の流れ作業専門の他社の波には決して乗らず、我々スタッフ一同は志と使命感と誇りを持ち、一件一件決して流れ作業にはせずに、スタッフと共に心・儀・仁の心で自己成長を目指していきます。

葬儀は故人様の行事でありますが、残された者の行事でもあると考えております。残された方々が、深い悲しみを自己の中に閉じ込めず死を乗り越えていくためにもあると。

だから送り方がとても大切であると。

そして葬儀を通して「悔いの無い特別な人生の卒業式を」されたことによって、葬儀後もご遺族近親者の皆様が一日も早く死を受け止め受け入れ、これからの人生を歩んで行ってほしいと願うのです。

「こんちゃーん　怒ったらいかんよぉー」

我々の仕事は、クリスマスも正月もなく、葬儀ご依頼施行が立て続けに入ると各スタッフは予定も何も立たなくなるのが現状です。

そんな中でも、弊社スタッフは、誰一人として、不平や愚痴を言わず、私が心の師と

阿蘇南小国にある北川先生の工房にて

している北川先生の教え「少し損をして生きる」を学び、人のために時間を使い、汗をかき、使命役割を果たすべく頑張ってくれています。

そんな素晴らしいスタッフと出逢えた私は、本当に幸せ者です。

先生とのご縁があった後に、私がブスッとしていると、

「こんちゃーん　怒ったらいかんよぉー」

と……。

またある時、小国を訪れると、

「今日のこんちゃんの顔は、怒りに満ちているよぉー」と笑顔で言われてきました……が反論できません。

そして先生との出逢いで私は、断食を実践するようになりました。

ここ四年前より、春秋年二回、十一日間、水だけ断食を実施。前回は初めて十三日実践しました。何故か断食後には頭が澄み渡り、不思議と考えたことが全てうまく行くように思えます。言葉では伝え難いですが……。

頭が回りすぎる？

と言ったほうがよいか？

運が開くとでもいうか？

という人生上の変化を体験しています。

三つの真実、

この人生、私達にも必ず終わりがやってくる命。

いつ　終わるかわからない命。

この人生は一度きり。

この一度限りの命をどう生きるか？　なんに使うか？

私は「悔いの無い人生を歩みます」

正直に自分らしく、これからも会員様には安心と信頼を、地域の方には必要とされる企業を目指して、頑張っているスタッフの未来を守るためにも、経営者として時代の流れを自由に掴むことができる一流を目指していきます。

北川八郎先生　　今野良紀支社長

「繁栄の法則」を実践して
「社員満足度日本一」を実現する

オークス株式会社　代表取締役社長　佐藤俊之

北川八郎先生との出会い

私が初めて北川八郎先生とお会いしたのは二〇〇七年十一月の池袋・三越での先生の個展会場でした。半年ほど前に初めて「繁栄の法則」を読み、心が洗われるような感銘を受けていた私は北川先生にお会いでき、お話させてもらうことに感動を覚えていました。またその翌週、東京・大手町での北川先生の公開セミナーにも初めて参加しました。早くから会場入りして一番前の席で北川先生のお話を聞きました。この講演にも大きな感銘を受けました。講演後、ご著書の「光る足」を購入し北川先生にサインをしてもらう際に「笑顔がいいね」と声をかけて頂いたことをよく覚えています。

北川先生は、一般に「先生」と呼ばれる方々にありがちな尊大ぶるといったところがまるでなく、本当に気さくでフレンドリーなお人柄です。

「佐藤さんは劉邦でいけばいいんよ」

二〇一〇年春の大宮そごうでの北川先生の個展の際のことです。

北川先生が個展に来られる方の応対の合間に私をそごうの中の喫茶店に誘ってくださいました。そこでの雑談の中でのやりとりです。

「自分は特別、営業ができるわけでもなく、商品開発ができるわけでもない。社員に恵まれてどうにかこうにか社長がやれています」と私が言うと、

「佐藤さんは劉邦でいけばいいんよ」と北川先生が仰いました。

今から二〇〇〇年以上前の中国の歴史上の話です。始皇帝亡き後の天下の覇権をめぐって楚の項羽と漢の劉邦が争います。

楚の項羽はいわゆるスーパーマン、何でもできる英雄です。剣を手にすれば先陣に立って敵陣を切り崩し、彼が叱咤すればどんな大男でも竦み上がったといいます。

一方、漢の劉邦は実務能力ゼロ。だけど人の心をつかむ徳を持っている。

劉邦は項羽に負け続けましたが、該下の一戦に勝利し天下をとります。

天下統一後、臣下から「陛下はなぜ最終的に楚の項羽に勝つことができたとお考えですか」と問われた劉邦はこう答えます。

「自分が項羽を降し天下をとれたのは部下のおかげ、わけても韓信、張良、蕭何のおかげだ。

自分には韓信のような百万の軍を自在に進退させ敵軍を降し、敵の領地を奪ってくる能力はない（営業）。

また、張良のような戦略立案能力もない（企画）。

また蕭何のような兵糧を途切れることなく補給し続ける能力もない（資金繰り）。

ただ自分はこの三人を信じ、仕事を任せ、能力を存分に発揮させせて使いこなすことができた。

一方、項羽はスーパーマンで自分でなんでもできるから、人を信じ人に任せて人を使いこなすということができなかった。どんなに優秀な人間でも、人間一人の能力には限界があるのだ。それが勝負を分けたのだ」と。

北川先生の「佐藤さんは劉邦でいけばいいんよ」という言葉にどれだけ救われたことかわかりません。

自分の「できる・できない」目線から部下に対して「なんで、この程度のことができないのか！」と部下を叱責してしまう。「優秀な」経営者の方にありがちなことです。

「自分ができることは当然、他の人も同じようにできるはずだ」

「優秀な」人ほど、「できない（わからない）、ということがどういうことか」「できない人の気持ち」がわかりません。

私には営業の能力も商品開発の能力もありません。だから新人営業マンが一件でも新規開拓してくれれば、本心から「すごいね！」と思うことができます。

「能力の無さ」も生かしようなのだ、と考えるようにしています。

実際、私よりはるかに実務能力に秀でた「優秀な」経営者の方でも、会社の利益を上げられない方々はたくさんいます。

薫陶

楽心会や満月の会で「佐藤さんが北川先生から教えられた、最大のことは何ですか」と聞かれることがあります。これは非常に難しい質問です。私には「〇〇です」と答えることができないのです。

11日断食・最終日　工房前で北川先生と（2013.4.3）

北川先生からは本当に多くのことを教えて頂きましたが、その中で最大のものは「これです！」と言うことができないのです。

「薫陶」という言葉があります。

《香をたいて薫りを染み込ませ、土をこねて形を整えながら陶器を作り上げる意から》徳の力で人を感化・教育し、良い方向に導くこと。

私は北川先生から個々の何かを教えてもらったというより、まさしくこの「薫陶」を受けたというのが、ぴったりではないかと感じています。何もそれは私に限った特別なことではなく、北川先生の周囲にいる方はどなたも感じておられることだと思います。「薫陶」陶芸家である北川先生になんとふさわしい言葉ではないでしょうか。

北川先生にご指導頂きながら二〇一二年春には五日断食、二〇一三年春には十一日断食をしました。辛く苦しい時もありましたが、心身が澄んでいく心地よい感覚を体験できた貴重な経験でした。

私は北川先生に「佐藤さん、断食しなさい」と指示・命令されたわけではないのです。

北川先生のお話を聞いたり、ご著書を読む中で「断食してみたい」と自然に思い、「内的な導き」に従い自分から自発的に断食したのです。

それは私だけではありません。北川先生の周囲で断食されている方で、先生から指示・命令されて断食している人（強制的に断食させられている人）などいません。

皆さん、北川先生のお話やご著書に感化されて、断食という一見、大変厳しい辛い修行を自然に自発的にされているのです。

これを薫陶と言わずなんといいましょう。

北川先生は、切り口は変えられますが基本的には同じ内容のお話を繰り返しお話されます。熊本・小国の楽心会に参加した当初、私は「先生、その話、この前も聞きましたよ。また同じ話か……」とぼやいていました。当時、私は常に「新しい学び」や「刺激」を求めていたのだと思います。大変失礼な言い方になってしまい申し訳ないのですが、北川先生が繰り返し同じお話をされることを「退屈」に感じていました。

しかしある時に「北川先生は毎回だいたい同じような話をされる。その同じ話を繰り返し、繰り返し聞くことに意味があるのだ」ということに気付きました。

北川先生がよくお話される例です。

「アイスクリームの天ぷらはなぜできると思う？　高温の油でサッと揚げても中まで熱が通らないからアイスの天ぷらができるんよ。そうではなく、私が作る陶器のように、じっくりと長い時間をかけて中まで熱を通すことが大事なんよ。大きな声で刺激的な言い方で教えたら、その場では面白おかしいかもしれないけど、聞く人を本当の意味で感化することはできんよ。そうではなく、同じ教えを淡々と飽くことなく繰り返し繰り返し説いていくことによって、相手の奥底にまで染み渡らせることができるんよ」

先生の個展で『あなたを苦から救うお釈迦さまのことば』を購入した際、「強く熱くではなく急ぐことなく、ゆっくり長く人々の心に染みわたらせなさい！」とサインして頂きました。北川先生は私のせっかちで、熱しやすく冷めやすい性格を完全に見抜いておられた訳です。

社員や外部の方向けのセミナー等で話す時、私はどうしても、「この場でなんとしても自分の伝えたいことを完全に理解してもらわなければ」という力みがまだまだあり、話し終わった後、エネルギーを使い果たした脱力感を感じます。北川先生の力むことなく淡々と教えを説く姿勢を身に付けるにはまだまだ時間がかかりそうです。

北川先生の教えに基づく会社経営

私の会社は新潟県のほぼ中央、三条市にあります。三条市および隣接する燕市はステンレスの加工技術を始めとした地場産業の集積産地です。当社もその地の利を生かしたキッチン用品の企画販売を事業としています。自社でキッチン用品の企画・設計をして、協力工場に生産してもらい、完成品を仕入れて小売店や通販会社に卸す、という事業形態です。

私も会社経営者として、いろいろな本やセミナーで勉強して参考にしていますが、会社経営の根本に据えているのが北川八郎先生の教えです。

わけても

「社員を大切にすること。社員は将棋の『駒』ではない。ましてや消耗品や取り替えの効く部品でもない。順調な時ほど社員に利益を還元し恩返しをすることです」

「掃除や花を飾ること、あいさつ、感謝の気持ちを伝え合う等、直接的には利益に結びつかないことを切り捨ててはいけません」

ということを大切にしています。

私がこころがけているのは社員が日々笑顔で仕事ができる働きやすい職場環境を整えるということです。

社員が毎日、笑顔で会社に来たくなるように、社員に笑顔でリピート出勤してもらえるように、私は社員相手のサービス業をしているという感覚を持っています。

「社員相手のサービス業」と言うと、社長なのに社員に気を使ってとても大変そう、といったイメージを持たれる方もいるかもしれませんが、そうした「大変さ」よりもむしろ、どうしたら社員を喜ばせることができるか、と考えることの「楽しさ」のほうが大きいのです。社員満足度が向上すれば顧客満足度は自然に向上していきます。

当社では「社員満足度日本一の実現」をヴィジョンとして掲げています。

社員のモチベーションを上げて笑顔で仕事に励めるよう、以下のような取組を行っています。

・年間二十日の有給取得推奨
・誕生日休暇。また誕生日及びクリスマスには社員一人ひとりにホールケーキ支給
・部門飲み会への飲み会手当の支給（五千円／一人）

・社員が笑顔になる社内イベントの開催（新入社員歓迎会　真夏の調理実習　秋の運動会　クリスマスパーティー）
・好決算時は年三回ボーナス支給
・全額会社負担による社員旅行（二〇一一年・沖縄　二〇一三年・バリ島）

また、10ヶ条からなるクレド（価値とする信条・行動指針）を制定し、社員満足度の向上・会社のブランド化を進めています。以下にクレドに基づく会社の取組のいくつかを紹介します。

クレド1　毎朝の掃除と整理整頓

「私たちは、毎朝25分間の徹底した掃除をすることにより、仕事環境を整え、心身を仕事モードにしてお客様を迎える準備をします。一日を掃除による達成感と成功体験からスタートさせ『徹底』と『気づき』の能力を養う場とします。また私たちは不要なものは徹底的に捨て使ったものは元の場所に戻します。仕事の効率を高めるために探し物をしない職場環境を作ります」

当社では毎朝25分の掃除をしています。出張等で会社を不在にしている社員は物理的に掃除に参加できませんが、それ以外は全員で毎朝掃除をしています。もちろん社長である私もです。

掃除は全ての仕事の基本です。掃除ひとつまともにできない会社に営業や商品開発がまともにできるでしょうか。掃除ひとつ徹底できない会社に営業や商品開発が徹底的にできるでしょうか。

算数や数学で例えるならば掃除は足し算・引き算・九九ということができます。足し算・引き算・九九すらまともにできない人に二次方程式、三次方程式、微分積分（仕事でいえば営業で新規開拓する、ヒット商品を開発する、といったことに置き換えることができます）の問題が解けるでしょうか。解けるわけがありません。

当社では、このように掃除を「徹底する」訓練の時間として位置づけています。また、掃除は「気付き」の能力を涵養するのに有効だといわれています。

掃除をすると様々なことに気付きます。

「あ、こんな所にほこりがたまっている」

「あ、こうやって拭くと窓ガラスがきれいに拭けるな」

「あ、トイレのドアが跳ね返りで汚れている」

こうした「気付き」の経験が仕事上での「気付き」につながるのです。

「あ、こうするとお客様が喜んでくれるんだ」

「あ、このやり方だと効率よく仕事が進むんだ」

「あ、このプレゼンの仕方だと相手に伝わるんだ」

こうした「気付き」のない人は成長しません。そうした「気付き」の能力を涵養する場としても掃除を位置づけています。

クレド4　ちょっとしたことに感謝

「私たちはサンクスカードのやり取りを通じて『ちょっとしたこと』『当たり前のこと』に感謝できる豊かな感性を養い、次の『感謝したくなること』を引き付けます。自分の仕事上の成果は必ず、社内・社外の誰かのおかげであることに感謝の念を持ちます」

当社では社員の間で、名刺大の「サンクスカード」という簡単なお礼状のやりとりをしています。仕事を進める上で他の社員から協力してもらった際に感謝の言葉を綴り、はがきにはって社員の自宅宛てに郵送する仕組みになっています。これなら社員本人はもちろん家族もはがきの裏面のサンクスカードを見ることができます。

「うちのお父さん、土日になると家でゴロゴロしてるけど会社ではみんなに頼りにされてるんだ」

と、家族にも喜んでもらえるわけです。

一般社員は10枚／月　課長以上の管理職は20枚／月　提出することになっています。

北川先生は「一日一〇〇回『ありがとう』と言うよりも、一日一回でいいから人から『ありがとう』と言ってもらえる側に立ちなさい」と説かれています。

名刺程度の大きさのサンクスカードですが、一枚もらってもうれしいものです。

ひと月に50枚ももらう社員もいます。社内の人間関係の潤滑油としてチームワークの向上に役立っています。

クレド8　ブランド商品作り

「私たちは『そう来たか!?　オークス』と言われるような価値ある新商品のみを企画し、次の商品を期待され続ける定番ブランドを構築します。少し高くても喜んで買って頂けるファンのためにアイデアとデザインに徹底的にこだわり地元・三条市のものづくりの技術を最大限に活用します」

北川先生は「無敵の経営」ということを説かれます。当社でも「戦わない経営」、不毛な価格競争に陥らない経営を方針としています。

北川先生と出会って間もない頃、私は先生の説く「10％損をする」ということが、よく理解できておらず、先生に「10％安売りをする、ということですか？」などと、今にして思うと、まるでピントのはずれた恥ずかしい質問をしていました。

「10％損をする」ということの真意は「10％安売りするということではなく、10％余計に手間ひまをかける、ということです」と北川先生から教えて頂きました。手間ひまをかけた分だけ「付加価値」が生じます。お客様はこの「付加価値」にお金を払ってくれるのです。

「人は心地よいものに、お金を出そうとするのです。だから特別に〝稼ぐ〟という考え方をしなくてもいいんです。良きものを与えること、安らぎと平和感を与えること、そして心地よいものを与えること、そんな信用に対して、人はお金を払おうとするんです」

北川先生の「繁栄の法則」にある一節です。

当社のキッチン用品は使い勝手のよさ、「ちょっとした感動」を覚えてもらえるアイデア性とデザイン性という付加価値がお客様に支持されています。安易な価格競争に走らなくて済んでいるのも手間ひまをかけて作り上げた付加価値があるからだと自負しています。

クレド10　地域社会への貢献

「私たちは自分たちが仕事をさせてもらっている地元・三条市の公園やトイレの掃除を通して地域社会に貢献します。また、この掃除を通して損得計算抜きで人のために行動できる豊かな感性を養います」

当社では本社が所在する新潟県三条市の公園トイレ清掃を週4日実施しています。市内トイレ三ヶ所を各箇所週二回ずつ掃除をしています。

様々な「運」に恵まれて、当社は二〇一三年に決算賞与（冬・夏の定期ボーナスの他に、好決算による臨時ボーナス）支給と全額会社負担によるバリ島社員旅行を実施することができました。

「順調な時ほど難しい。順調な時ほど慎重に」とは北川先生がよくおっしゃることです。自分の会社さえ儲かればいい、という会社は遅かれ早かれ行き詰ります。そうではなく順調な時ほど社員と地域に恩返しをすること、という北川先生の教えを実践する取り組みの一つとして二〇一三年六月から三条市内の公園トイレ清掃を始めました。北川先生がよく使われる言葉で言えば「自己犠牲」や「10％損をする」ということにもつながります。

当初、私はこうした公園のトイレ掃除に反発して拒否する社員も出てくるのではないか、と懸念していましたが杞憂に終わりました。毎朝25分の自社清掃により社員の「掃除」に対する意識が高まっており、公園トイレ清掃に行っても「もう少しやればもっときれいになるからやっていきましょう」と言う社員が何人もいるのです。

社長である私以上に一生懸命やってくれています。手前味噌な言い方になりますが、本当に豊かな感性を持った素晴らしい社員に恵まれていることに感謝しています。

自分の使命を自覚する

北川先生のご好意により二〇一一年春から会社経営者を対象とした勉強会「満月の会」に参加させてもらっています。初回の課題図書であった「前世療法」の感想文発表の中で私は「恥ずかしながら今世での自分の使命がまだわかっていない」という趣旨の感想を発表しました。

それから3年間、満月の会でいくつもの学びを得ることができました。折に触れての北川先生からの教えと諭し、満月の会メンバー相互の励ましと刺激。また熊本・小国の楽心会にも何回も出席しました。そして二〇一二年・春の五日断食と二〇一三年・春の十一日断食等を経験する中で私は少しづつ、今世の自分の使命を自覚できるようになりました。

それは

「社員をとことん大切にする経営　会社の利益を社員に思いっきり還元する経営　社員が毎日笑顔で会社に来られる環境作り　社員同士の仲が良い社風作り　お客様に支持される手間ひまかけた商品作りや営業活動により、そうではない会社（利益第一主義、利益は経営者一族が独占　社員同士の仲が悪く社内はギスギスしている。「お客様第一主義」の名のもと、お客様にだけはいい顔を見せるが、そのしわ寄せが社員に来てストレスばかりがたまる職場環境）の何倍もの利益を上げていく会社を作り上げること」です。

これを一言で言えば北川先生が『繁栄の法則』で説かれる「10％損をする」会社経営ということになります。

二〇一三年・秋　満月の会にてこうした考えに基づく当社の経営・取組を発表する機会を与えて頂きました。参加された満月の会のメンバーの経営者の方々から大きな賛同・共感を得ることができ、私は自覚しつつあった今世の自分の使命に強い確信を得ることができました。

自分の今世における使命の自覚にしろ、会社での日々の取組にしろ、私一人でできたことなど何一つありません。

北川先生と先生のご家族、満月の会のメンバー、楽心会の方々、会社の社員、会社のお客様・取引先、地域の方々、私の家族……本当に多くの方々のおかげで現在、私の会社がはっきりとした光の道筋を歩んでいられることに感謝して、この稿の結びとさせて頂きます。ありがとうございました。

〝会社は家族〟原点は家族

有限会社ペーニュ　代表取締役　斉藤美恵子

北川八郎先生との出会い

私が北川先生とお会いするきっかけをくださったのは、当時コンサルティングをお願いしていた北田礼次さんからいただいた『繁栄の法則』という本でした。

その当時は主人が社長で私は経理を担当、美容室を四店舗経営しておりました。

二人とも経営の本は沢山読んでいました。どの本を読んでもだいたい内容は同じで、それをわかっていながら次々と経営書を買い、安心と不安な気持ちを繰り返していました。

そういった中で北川先生の『繁栄の法則 戸が笑う』という本を読ませていただき、「何だ、これは!?」と衝撃が走りました。

〝繁栄をしたければ、良きものを与え続けること〟

「うーん、なるほどな〜、その通りだ」と……。

しかし当時、頭でしかわかっていなかったように思います。

〝戸が笑う〟

当時は売上も、そこそこ順調だったように思います。

女性スタッフは皆独身、夜も遅くまでレッスンをしたり、意識の統一もしやすかったです。スタッフも四十五名くらいいました。ノリノリでしたね。

もちろん教育や給料システムもきちんとして〝やったらやった分の給料体系〟でした。

当時は、新規客はほっといても来てくれる時代でしたね。

そういた部分では〝順調〟でしたが、果たして〝戸が笑っている〟か、というとそうではなかったかもしれません。

強いリーダー（勢い）にまかせて、売上があったように思います。

当時はモッズヘアという強いブランド力で売上が成り立っていた部分もあります。一部の店長は封筒が立つくらい（一回の賞与一〇〇万円以上）ありました。

その後は続きませんでしたが……スタッフが頑張って売上が上がり、給料や賞与を沢山とれることに、私も喜びを感じていました。

スタッフの幸せイコール自分の幸せと思っていました。

そういったある意味〝順調〟そうに見える日々の中で私達は慢心していました。次の〝目標〟を見失っていたのでしょう。

イソップ童話の〝アリとキリギリス状態〟で、晴れた日（順調なとき）にはいつも〝気が抜けた（何も考えない）状態〟だったように思います。

のんきな気持ちで過ごしていました。

売上が多くて当たり前、自分たちは感謝を忘れていたように思います。

売上も順調、生活も安定した中で、少しずつかげりが出てきました。

平成二十年あたりをさかいに、月単位で何百単位、年間で一千万円以上の売上がダウンしました。

その当時は何が理由かわかりませんでした。ただ焦るばかりで何もできない自分たちでした。美容室は、その頃から徐々に飽和状態になり、全国的に見ても売上も落ちていた傾向と後で知りました。

私たちの美容室は全国チェーンのＦＣを二店舗と自社ブランドを二店舗経営しておりましたので、各々が別のカラーのお店でした。ＦＣ店は一等地、激戦区にありました、自社ブランドの店は郊外の地域密着型でした。

ＦＣ二店舗はパリ発信でブランド力のあるお店です。ちょっと敷居が高いというか、本部に言われるまま全て受動的な経営をしておりました。

他の二店は、いわゆるおばちゃんがターゲット、カラー会員のお店でフレンドリーで行きやすいお店です。

私は、どちらかというと後者のお店が良いと思っていました。

四店舗を三店舗に

当時ＦＣの二店は三〇〇メートルの距離にあり、同じコンセプトをもつ店としては、経費がかかると思っていました。

景気が良いときは何も考えずにいたのですが、ロイヤリティがかさむのはもちろんのこと、ブランド力にもかげりが出始めていたように思います。

ちょうどその頃、あるメーカーさんに「これからの美容業界で大切なことは、スタッフの福利厚生です。現在までのようなやり方では良い人材は集まりませんね」と言われました。

週休二日制（シフト）、社会保険完備、残業のあり方、給与システム、これを上手く連動させるためには、ＦＣをやめて三店舗にすること。そうする他はないと思いました。

モッズヘアＦＣをやめることに大層悩みました。まず一店舗を閉めて、もう一店舗の店と合併させせました。距離が近かったので無理はなかったように思います。

一店舗を閉めて合併するにあたり（当時ＦＣ契約期間が残っておりましたので）、まだＦＣ契約は続けていました。

合併した際に増床したり、一階のテナント部分と三階にワンフロアーにオフィスを借りました。前のお店は元いてくれたスタッフに譲りました（看板を変えて）。

郊外店　カラー会員の店　エピ久米店
　　　　カラー会員の店　エピ余戸店
ＦＣ店　モッズヘア二番町店

その二年後、ＦＣの契約が更新時期になりましたので、更新はせずに自社ブランドに切り替えました。
モッズヘア二番町店　↓　エピグランデ
エピグランデという名前の〝グランデ〟とは、中央とか拠点とかという意味で、当時お

路面店として25年前にスタート
（当時はＦＣ店でした。３年前に自社ブランド）

世話になっていた広告代理店の鳥越さんに付けてもらいました。

鳥越さんもお母様も、昔からずっとお店に来ていただいているお客様で、モッズヘアをこよなく愛してくださっていました。

ＦＣの長い歴史に幕を閉じ、良いものは残して新しいものに取り組むという願いを込めて名前を〝エピグランデ〟にしました。とても素晴らしいものだとつくづく感じました。

郊外店　１５年前オープン

郊外店　１３年前オープン

長男の事故

現在から六年前に、大阪の美容室に就職していた長男が、友達三人と三重県にサーフィンをしに行った帰りに、車で大事故を起こしました。運転していたのは友人で（三人交替で運転をしていた）、その交替をした矢先に居眠り運転で壁面に激突をして、息子が重体になったという知らせを受けました。

友人二人は無傷でピンピンしており、何でうちの子だけが!?　という思いで一杯でした。責めるというより無傷ということにビックリしました。

ちょうどその日はお店が休みの月曜日でしたが、うちの会社全体でメイク講習をしていました。その時に三重県の病院から自宅に連絡があり、電話を受け取った主人は現在でも忘れられないと言います。

病院の先生に「息子さんは手のほどこしようがありません。あきらめてください……」と言われたのです。

その知らせを受けてすぐに、スタッフには息子が事故に遭ったこと（生命が危険なことは言わずに）を伝えて講習会場を出ました。

主人と私と二男、そして当時遠距離恋愛をしていた現在のお嫁さんの美緒ちゃんを連れて、四人で三重県までの約六時間、長い〝旅〟に出ました（あの時、何故美緒ちゃんを連れて行ったかというと、おそらく愛の力で息子はよみがえるのではないかと思ったからです）。

道中はずっと、どしゃ降りの雨で、

手術はどうにか上手くいくように……

もしかしたら病院に着いた時には、もう死んでいるかもしれない……

明後日は葬式かもしれない……

そのことばかりがグルグルグルグル頭の中に、入れかわり立ちかわり巡りました。

六時間の道中は、ほとんど皆、無言でした。

知らせを受けた時に、私の母、姉、兄、そして北川先生にも連絡をして、どうか助かりますようにと、皆に祈ってもらいました。

私の姉や母、兄、義姉は、もともと信仰深いのですぐに教会へ出向き、助けを請ってくれました。

美緒のお母さんは写経を何十枚も書き、病院に届けてくれました。主人の母は病床から妹に連絡をとってくれました。親戚からも友人・知人も心配してかけつけてくれました。

ペーニュスタッフ

そして北川先生からは、全国の色々な美容室が参加して運営しているウッディチキンの方々に——息子が事故に遭ったこと、それでできれば皆で光を送って祈ってあげよう——と言っていただき、北田さん、バグジーの久保先生やスタッフの皆、森脇社長、高知の多田さんをはじめ多くの方たちからメッセージや鶴（千羽鶴）もいただきました。

また改めて感謝しないといけないのが、うちのスタッフに対してです。社長や私が長期にわたり不在の会社を守って支えてくれたのです。

皆の祈りやメッセージは、びっくりするくらい効果がありました。

死んでもおかしくない大事故にもかかわ

らず、三日目には意識を取り戻したのでした。

後日談として四日目に、不思議な「あること」を聞かされました。

息子の勤務先にとても息子を大切にしてくれる先輩がいて、その先輩の子供さん（三歳）が「事故したんだってね。でも大丈夫。すぐに帰って来る」と言ったらしいのです。

その先輩は、子供さんには事故のことは全く伝えていなかったというのです。

そして、その明くる日にも、その子供さんが「あっ、真ちゃんだ！」と言って、スーパーマーケットの中で息子を見たと言ったそうなのです。

私はそれまで〝祈り〟や〝見えない世界〟というものは、テレビでしか見たことがないので、息子の事故をきっかけに、家族や親戚、親しい人たちからいただいた〝見えないもの〟を現実のものと思うようになりました。

祈りや願いは通じる

北川先生は、例え話の中で、こんな話をよくされます。

「テレビのリモコンのスイッチ一つで画面が変わったり、携帯電話やメールなどが世界

中にすぐに通じるのは、電子機器（科学的なもの）から電波が飛ぶからであり、それもエネルギーのひとつなんよ」。

「人間の思い（想い）は、すぐに相手に通じるんよ。だから人を嫌ったり（嫌いと思ったり）したら、テレビのリモコンと同じで、ピピッと通じるんよ」。

なるほどな～～と思います。

原始的なことを言えば、原住民は祈りで病気を治したり、食べ物や森の精霊にも感謝の祈りを捧げます。それもテレビで見て、「なるほど。あの人たちは文化的レベルが低いから、そんなことをして気安めにしているのだと思っていました。

北川先生から紹介していただいた本で、オーストラリアの先住民であるアボリジニの方を描いたものがあり読みました。その方たちは、人間がもともと持っているエネルギーで痛みを和らげたり、外科的な治療を素手で治したり、また、これから世界の人口は増え続けるから飢餓が更に増える。だからアボリジニは民族をもうこれ以上増やさないと……。

この内容にはびっくりしました。

先生がよく言われる〝お店を増やすのではなく、あんこを増やしなさい〟につながっていると思いました。

お店を無理に増やすのではなく、中身を大事にすることを改めて確認できました。

社長として思うこと

私が三年前に主人が突然、「社長を辞める」と言い出して、本当に会社に来なくなりました。主人も辞めると言った以上、「後から、やっぱり……」と言い訳がしにくくなったのと、私は私で意地でも頼るかと思ったのです。

あの時のことを後で思うと、主人はうつっぽくなっていたのだと思います。

元々主人は高校を卒業して、地元香川県の電器店に就職しました。そこを一年余りで辞め、親から手に職をつけるようにと言われ、大工さんか美容師かというところで、当時流行っていた香音寺の美容室に就職しました。そこで三年ほど修業をして、愛媛県の当時パリ直営の美容室に就職しました。

私はちょうど行きつけの美容室がなく、色々なお店に行ってみたいというのもあったので、たまたま行ったお店に主人がいたということです。

美容師とお客さんという間柄でしばらくお店に通っているうちに、気が合って一年半後に結婚をしました。

主人に初めて担当してもらった時に、ビビッと感じるものがありました。この人は良いお父さんになるタイプだな、と思いました。私の結婚相手にピッタリだなと。

結婚して二年後に、主人は店長を任されました。

そしてその三年後、現在から二十五年前に、本部が店を閉めると言いました。本部から「斉藤君、もうこの店は閉めようと思う。君がやらないなら……どうする?」と聞かれました。

主人は自分が店を出すことは全く考えておらず、店長をこなすことで精一杯でした。

でも色々と話し合って、お店を七〇〇万円で買い取ることにしました。

しかし、フタを開ければ大赤字……テナント(当時はファッションビルの五階)の家賃は高く、当時の引き受けたスタッフの給料、税金、仕入れ等々、手元に残るのは多くて十八万円程度、それで四人家族が生活しました。

そのビルで二年ほど営業しました(仕方なく……)。

その間も様々なことがありました。

そこを出る一番のきっかけは、水漏れによるブティックへの弁償でした。

五階にヘアサロンがあり、四階から下はブティック、地下は雑貨店でした。

五階から水漏れして、洋服に被害が出たから弁償しなさいと言われ、このまま営業を続けていくと、これからもとんでもないことになりかねない……。

そして当時お世話になっていたディーラーさんに、現在の路面店を紹介されました。

そこでも新たに二千万円の借金（主人の実家を担保に入れ）を重ね、スタッフ五名で再スタートを切りました。そしてトントン拍子に四店舗までいきました。主人は、まだもっと店を出したいと言っていました。

私は、それを諌めていました。

何故なら、数よりも中身が大事ということ。それに四店舗のうち一店舗は四十坪くらいの面積があり、小さな店に譬えると六〜七店舗の計算になるからです。

そして、お金の苦労は最初に味わっていましたので、もうそういう経験をしたくないと思っていました。

お世話になっていた、あるディーラーさんからも「美容室は三店舗くらいがちょうど良いですよ。一人が管理するにはちょうど良い……」と。

そういう言葉も心に残っていました。

変換期

現在（平成二十六年）から三年前に、週休二日制、社会保険や労働形態を変えてきました。働くスタッフは男性三割、女性七割、そのうちの三割が主婦という形になっていました。女性スタッフが次々と結婚、出産、育児休暇、復帰を繰り返していく中で、昔の体制では運営できなくなりました。スタッフはフルタイムと短時間労働の二パターンに別れました。そのためそれまでの給料体系を変えていきました。

移行するのに二年かかりました。

主婦で売上が高いスタッフが言いました。「九時から十七時勤務になるので以前の給料体系よりも安くなりました。私の給料はアルバイトと同じくらいになるのは、理不尽です。辞めます！」。また「休みは増えて嬉しい。でも給料体系は以前のほうがよい」など、色々な問題が出てきました。

理由はそれだけではありませんが、私は美容師ではないので、思うところがあります。例えば一〇〇万円の売上を上げているのは、自分一人の力ではない。アシスタントがいて他のスタッフが掃除をしたり洗濯をしたり、残務整理をしてくれているから……。

もちろんお店はいつもきれいに保ち、チラシや宣言をしてお客さまに来ていただいている。皆、ついつい〝自分のお客さん〟と思いがちになります。会社でいうと受付嬢がいて、営業がいて、事務がいてetc.と。

美容という職種は、技術職という色が濃いので、どうしても会社組織になりにくいと北川先生もおっしゃいます。

私はスタッフが長く勤めてくれるような組織にしたいと思います。スタッフが長く勤めるということは働きやすい職場であり、お客さまにも喜んでもらえるお店づくりができるからです。

それをどう実現していくかです。

よく〝お客さんはスタッフに付く〟と言われます。

そこを〝お客さんはお店に付く〟という風にしたいのです。

もちろんお店にいるのはスタッフですので、スタッフに付くということにはなりますが、〝お店に付く〟というのは、お店に付く〝システム〟を作ることです。

それがカラー会員というシステムにも組み込まれています。

前社長がFC以外に二店舗自社ブランドで取り込めたレボルのカラー会員システム、郊外にもう一店舗、その店は働く女性スタッフが仕事をと子育てを両立しやすい店づくりでした。

しかし最初は全員中途採用のスタッフでしたので、どちらかというと高い給料で募集して集まったスタッフは、途中で待遇が変わるとバタバタと辞めていきました。

現在、数名のスタッフは頑張ってくれています。

早い時期から中高年をターゲットにしたカラー会員システムや、働く女性スタッフの環境づくりに取り組んできた前社長の経営方針を創業二十五年の現在、私が新たに取り組むことは特にありません。

ただ昔やっていたことや、昔通用していたことが、現在は通用しにくくなったことを仕切り直ししていくだけです。

創業者の苦労を現在、社長業を通して味わっています。私は従業員に「社長の苦労はわからないだろう」と責めません。何故ならば、なってみないとわからないからです。

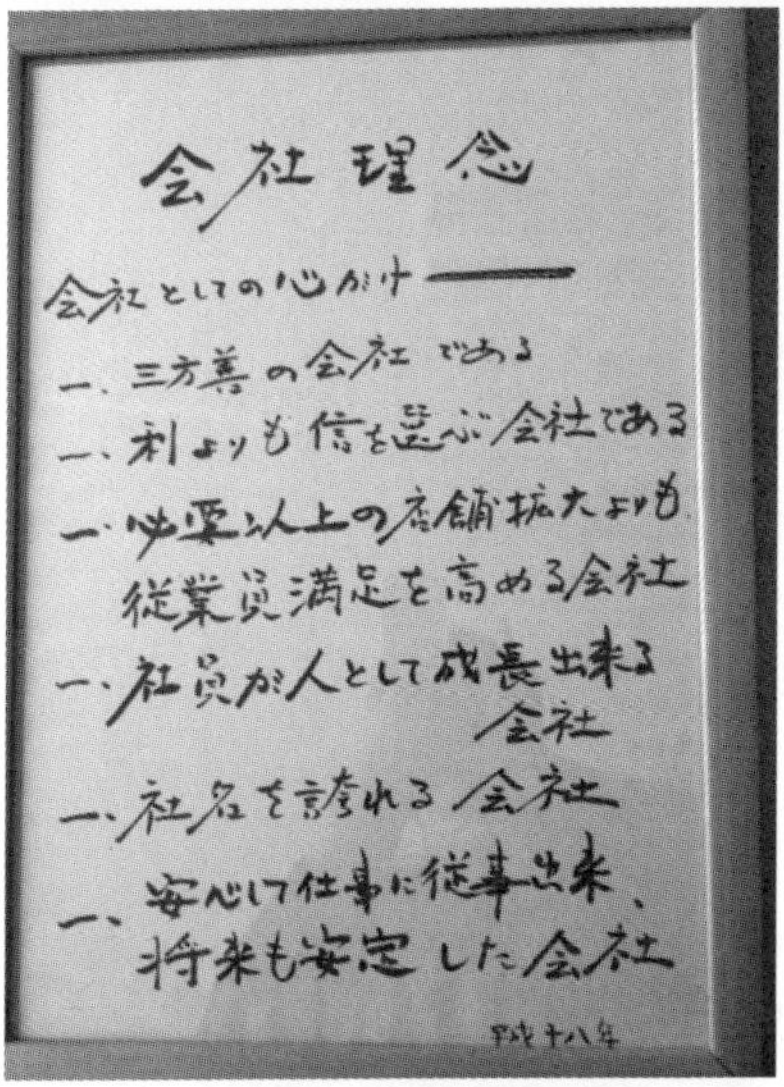

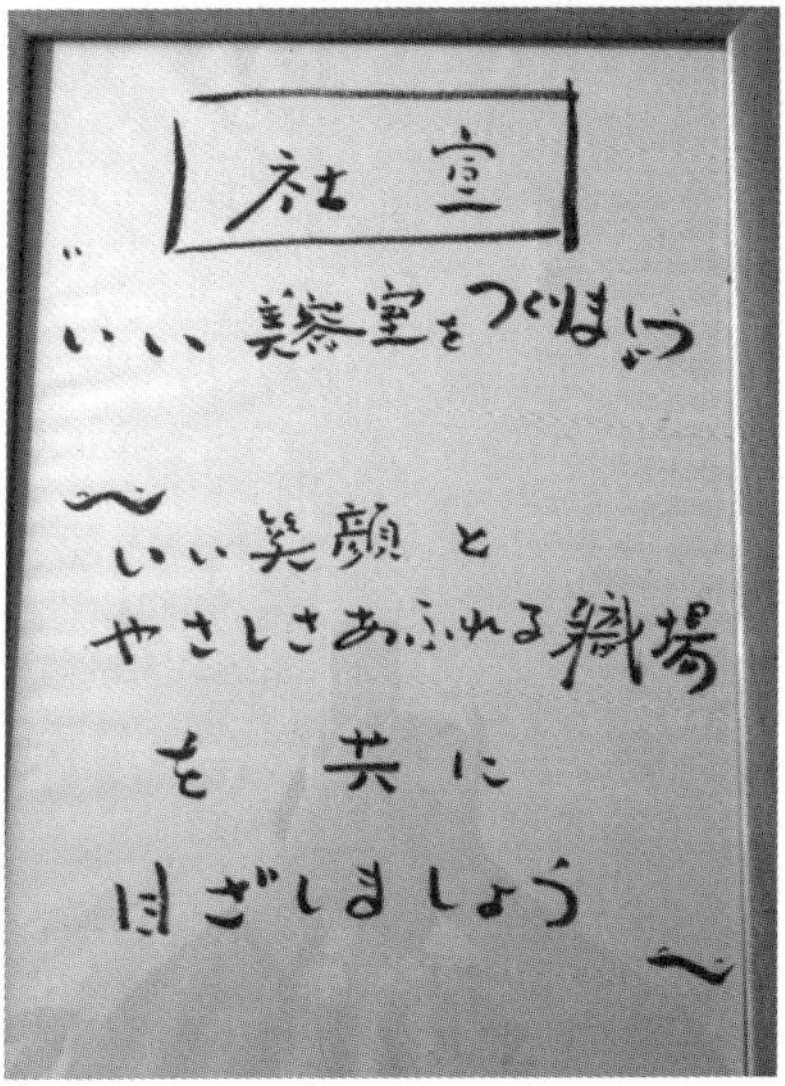

上　ペーニュ会社理念
下　ペーニュ社宣
（いずれも北川先生の直筆）

現在まで一緒に頑張ってくれた社員、私の未熟さで辞めた社員、お店に足を運んでくださるお客さま、取引先の方々、私の家族、また志を共にするウッディチキンの皆さん、満月・新月の会の方々、この本の執筆のお話しをいただいた高木書房さま、そして現在まで導いてくださった北川先生に感謝の気持ちを込めて、今後の一般社団法人楽心会のご繁栄を心よりお祝い申し上げます。

最後に
北川先生に言われて改善していくことを三つあげます。
・怒りやすいのを減らしていく↓無くすのは難しい、減らしていこう
・嫌いな人を少なくしていく↓嫌いではなく少し合わないと思うという風に
・肉食はガンや糖尿病になる↓うつの原因にもあると言われる食の見直し、菜食、玄米をとり入れる

北川先生（松山にて）
思い付く言葉があれば何処ででもメモを取られます

楽しく感動と喜びのある職場　戸が笑う店づくり

株式会社　ビューティサロンモリワキ
代表取締役社長　森脇嘉三

古くて、新しい大家族主義の美容室

ビューティーサロンモリワキは、昭和二十七年四月に、大阪市西区九条で、六坪の店から始まりました。

モリワキの経営に携わる私・嘉三と妻・正子、弟の森脇伸一と妻・文子は、四人とも、同じ町内の出身で、中学校も同じです。正子、文子が姉妹で、私と弟の伸一が森脇家に婿入りした形です。そして、今現在、それぞれの子供、孫、母の森脇登美子も、一つ屋根の下に暮らす大家族です。

後で、お話しますが、私の原点は家族です。

「家族を幸せにできない人間が、スタッフを幸せにできるはずがない。スタッフを幸せにできて、はじめて社会に貢献できる」

これが、先代から脈々とつづく森脇家の基本です。

私たち兄弟四人は、一緒に仕事をしていて、子供が小さい時は、子育てを助け合いながら仕事をしてきました。そのためには、一緒に暮らすことが一番都合がよかったのです。

平成25年入社式

森脇家が大家族主義なら、会社も大家族主義です。

一〇〇名のスタッフのうち、大半が九州、四国の各県から入社し、新卒者は、全員が寮に入ります。寮費が一万円、寮母さんがいて、朝、昼、晩三食の食費は、二万三千円で、新入社員でも、十分に自活ができます。親からの仕送りがないと生活ができない東京の原宿や青山の美容室に比べたら、はるかによいと思います。

モリワキでは、いろんな行事があります。

まず、モリワキの最大イベントの新年式は、来賓、スタッフを合わせると二〇〇名ぐらいの方が参加します。式典が二時間、宴会は、五時間で、丸一日です。

その中で、特に感動するのは、成人者の親

19回モリリンピック（大運動会）

御さんから本人宛にもらう手紙です。親御さんの心のこもった温かい手紙は、どんな上手な挨拶にも代え難いものです。

後は、入社式、モリワキ祭り、モリリンピック（大運動会）、手作りのヘアーショー、各クラスの研修旅行など、本当に、毎月、たくさんの行事があります。

以前、美容雑誌の取材を受けた時に、その出版社の社長がモリワキを一言で言うと、「古くて、新しい大家族主義の美容室」と言ってくれました。その通りだと思います。

変化《へんげ》の人の近くで学びたい　三十三歳で美容の世界へ

仏教用語で、「変化の人」という言葉があります。この意味は、自分にとって、人生の生き方が変わるぐらい影響を及ぼした人のことをいいます。

私の人生にとっての師（変化の人）は、平成七年に亡くなった義父の「森脇茂」、そして、もう一人は、「北川八郎」です。

まず、「森脇茂」のことをお話しさせて頂きます。私は、昭和五十二年に、立命館大学の理工学部土木工学科を卒業して、道路や橋の設計、現場監督の仕事をしていました。

二十七歳で結婚した時も、自分は将来、土木の道で独立しようと思っていました。そのことは、義父にも、ハッキリと伝えました。三年後に子供が産まれるまでは、家内は、美容師として、私は、土木の仕事をそれぞれが一生懸命にしていました。

しかし、子供が産まれてからは、お互いの仕事が忙しいことが、子供に負担がかかるということがわかり、家内の実家に同居するようになりました。同居すると、義父と顔を合わせる機会が増え、毎晩のように、一杯飲みながら、人生哲学、人の生き方、戦争体験など、熱く語ってくれました。

いつも、話をしていて、最後に行き着くところは、原理原則の話になりました。私は、この義父を「人生の師」として、尊敬していました。そして、この人の近くにいようと思い、いろいろ悩み、考えた上で、十年勤めた会社を辞め、ビューティサロンモリワキに入社しました。三十三歳でした。

男性社会から女性の社会、一八〇度違うので戸惑うことばかりでした。

その時に、義父の森脇茂から、学んだことは、今でもしっかり心に刻まれています。

・家族を幸せにできない者は、スタッフを幸せにできない。スタッフを幸せにできない者が社会に貢献するなんて、とんでもない。
・原因は外部ではなく、その物の中にある。（企業が滅びる原因は、内部にある）
・事実で物事を判断する。
・物は変化する。
・トップは、ぜいたくをしてはいけない。（当時、ビールを飲むな！　と言われました）
・目の前の小さくても、気のついたことをすぐに改める。

私は、昭和六十一年五月に、ビューティサロンモリワキに入社し、平成二年一月に社長に就任し現在に至っています。

その間、阪神大震災の年の平成七年に、尊敬する義父「森脇茂」が七十三歳で、亡くなりました。まだまだ、教えて欲しいことがいっぱいあったのに残念です。その後は、自分の考えで、自信を持ってそれなりに経営をしてきました。

お店の数も、五店舗から七店舗に、毎年のように店を全面改装し、スタッフ数も知らぬ間に、六十名から一〇〇名に増え、売上も六億ぐらいになっていました。

自分ではそんなに有頂天になっていたつもりはなかったのですが、その時に落とし穴がありました。そして、その時に、北川先生との出会いがありました。これは、偶然ではなく必然だったように思います。

北川先生との初めての出会いで光を感じた

私と北川先生との出会いは、奥様との出会いの方が先でした。今から、約十五年前に家族で黒川温泉の黒川荘に宿泊した時です。

母が、その宿の売店に展示していた陶器を気に入り、その売店には、数がなかったので、北川先生の昔のギャラリーの場所を教えてもらい、行きました。その時は、北川先生の存

平成16年、初めて北川先生の工房へ行く

在は、当然知りませんでしたので、何とも言えないギャラリーだなと思いました（今から考えると北川先生のルーツだと思います）。

そこで、はじめて奥様とお会いしました。

北川先生は、ちょうどその時、留守でした。

それから、三〜四年後、兵庫県の西宮で、ウッディチキンという美容室の集まりがあり、そこで、はじめて北川先生にお会いしました。

今でも、覚えているのが、セミナー中に、光が壇上の北川先生から発しているように見えたのと、セミナーが終わった後、握手をしてもらった時、電気が走ったような、手がすごく熱かったのを覚えています。鮮烈な第一印象でした。

その翌年から、モリワキではスタッフ向けのセミナーを、年に二回してもらっています。私どもモリワキは、若いスタッフが多いので、最初は、食べ物の話を中心にわかりやすく話をしていただきましたが、先生の話を子守唄のようにして寝ているスタッフが、何人かいました。

それから、約十年間来ていただいています。その間、店長や幹部スタッフは、熊本の小国の北川先生のところへ、研修で何回もお邪魔しています。

拡大させることよりも内部の充実を

当時、私は、北川先生の言っていることを理解しているつもりでいましたが、本当の意味で、まだまだわかってなかったと思います。私は、平成二年に社長を引き継ぎました。平成七年に先代が亡くなってから、先ほど申したように何もかも順調そうに思えました。ここに落し穴があったのです。

平成十四年〜十五年にかけて、大きなクレームが二件（補償金が一〇〇万ぐらい）、スタッフの大きなトラブル、四年目のこれから技術者になるというスタッフが八ヵ月間に十三名のうち九名が退社しました。

私は、売上が伸びて順調だと思っていたのですが、順調だと思っていたのは経営者だけで、本当はもっと、もっとを求めていたようです。スタッフやお客様に大きな負担がかかっていたのです。

ちょうど、北川先生と出会って一年目ぐらいだったと思います。北川先生の『繁栄の法則』の本を何回も読み、先生の話されていることを思い出し、北川先生と話をしている中で、経営者としての考え方が変わりました。
①拡大させることよりも内部充実
一番わかりやすいたとえ話をしてくれました。まんじゅう屋さんの話です。

「まんじゅう屋さんが儲かったからといって、お店を次から次へと出店して喜ぶのは経営者だけです。社員やお客様が本当に喜ぶのは、まんじゅうのあんこを増やした時です。あんこを増やして喜んでもらった後に次のことがある」

たいへんな衝撃でした。自分だけが喜んでいたんだと思いました。実はその時大口の銀行の返済が終わったところで、次の出店を考えようと思っていたところでした。しかし、出店よりも、先に一〇〇名全員の社会保険の加入することを決断しました。一時的に経営上きつかったのですが、スタッフはたいへん喜んでくれました。

②戸が笑う店づくり（楽しい職場、日々感動とよろこびのある職場）
お金は必要だが目的にしてはいけない。売上というのは、世の中の景気、不景気で上がったり、下がったりするのは当たり前で、長期的な視野で見ていかなければならないです。売上が上がった、下がったで一喜一憂するのではなく、

「お客様が、本当によろこんで頂いているかどうか」

「スタッフが健康で、のびのび楽しく働けているかどうか」ということを点検することが一番大事です。車でいうと、お金はガソリンです。お金は必要だが目的にしてはいけない。

③損することを恐れないで、「ありがとう」と言われる道を選ぶ。
「物事の判断基準は、損得ではなく人の喜ぶことをする」

「迷った時は、損することを恐れないで、信用を選ぶ」


これらの話を聞いた時、私にとっては、雷が落ちたような衝撃を受けました。そして、経営者としての迷いがなくなり、自分が進むべき道が見えました。

そして、会社が目指す方向（キーワード）が決まりました。
・楽しい職場

・感動とよろこびのあるお店
・戸が笑う店づくり（店の外から見て、明るいオーラを放っていて、思わず足を踏み入れたくなる店）

社長の行動が変わると会社の風土が変わる

私の経営者としての考え方が変わると、当然、行動も変わりました。

①スタッフに対して、「ありがとう」の感謝の言葉が増える。以前より社長からスタッフへ声をかけるようになった。
②退社したスタッフに対して、辞める時にかける言葉が変わる（いい言葉をかける）。その結果、退社したスタッフの紹介での新入社員が増えた。
③スタッフの顔を見ただけで、調子がいいのか悪いのか、誰よりも早く気づくようになった。
④誕生日に、マネージャーや店長の幹部には、お手紙とお花を贈り、他のスタッフには、「お誕生日おめでとう」とその日にメールか、顔を見て自然に声をかけるようになった。
⑤社長が以前より、スタッフと語るようになった。
⑥社長の食生活が変わった（玄米菜食）。その結果、体重が十キロ痩せた。

幹部研修旅行で北川先生を訪ねる（熊本、楽風にて）

私の行動が変わることで、楽しい会社、感動とよろこびのある職場へと、風土が変わっていきました。

①以前、十三名のうち九名退社したクラスで、残った四名が全員、店長になってくれました。そして、その四名で企画、運営した社内ヘアーショーの後に、私たち夫婦の結婚二十五周年のお祝いをサプライズでしてくれました。二人とも、みんなの前で号泣しました。これは、私が、その四名に対して同期が辞める度に、一生懸命手紙を書いたり語ったりして、汗をかいたことに感謝して、いつか恩返しをしようと思って企画したことだと、後で言ってくれま

した。本当にうれしかったです。この時期を境にモリワキの風土がガラッと変わりました。

②スタッフの間でも、日常の生活で感動とよろこびが拡がりました。たとえば、スタッフ同士で誕生日を、必ずケーキとプレゼントでお祝いをするようになりました。また、スタッフが辞めると聞いたら、同期が全員で寮におしかけて、「何で辞めるんや！」と言って説得する。その結果、定着がたいへんよくなりました。

(三年間で、三十七名入社して、二名しか辞めませんでした)。

③モリワキを卒業したスタッフの息子や娘さん、あるいはスタッフの兄弟が新入社員としてくるケースが増えました。

④私の一人娘もモリワキに入社して、モリワキスタッフのやさしさで、立ち直りました。

逆境の時に学んでできたモリワキの理念

平成十五年から三年ぐらいの逆境の時に、いろんな方との出会いを頂きました（一番勉強させて頂いたのは北川先生です）。そして、たくさんのことを学び、まさに私の社長としての転換期だったと思います。その時に学んだことは、

①人生、自分の目の前で起こるどんな問題も何か大切なことを気づかせてくれるために起こります。その時に経験した失敗や悩みなどは、全部、自分を成長させてくれるためにあります。そして、それから決して逃げないで、それに向かっていけば必ず道は開ける。こういう考え方をもっていれば、すべてのことを受け入れることができます。

②投げたものは、必ず返ってくる。怒ると怒りが返り、文句を言うと批判が返り、やさしさには、笑顔が返ります。自分が変われば、周りも変わります。

③人生苦しい時こそ、のぼり坂。

④人は出会いを通して、人間的に成長していく。

⑤少し損をして生きていると、トラブルと不安が消えていく。

そして、その集大成として平成十八年に、モリワキの理念が一年がかりでできました。

「やさしい会社をつくりましょう」

～　一人一人をたいせつに　～

「やさしい会社」とは、お客様や会社をとりまくすべての人々が、

「社員のみなさんやさしいですね」

と言ってくださるような会社のことです。

やさしさとは、言い換えると「利他の心（人のために）」「感謝の心」ということです。

「やさしい会社」は人々を幸せにし、やさしい社会をつくります。

食生活が変わり心が穏やかに

食というのはたいへん大事です。そして、食はその人の考え方にまで及ぶと思います。
私は、昭和二十八年生まれですので、戦後少し世の中が落ち着いたころに生まれました。
しかし、小さいころから、
出されたものは残さず全部食べる
好き嫌いはしない
好き嫌いをするのはわがままだ
と言われて育てられました。その考え方は基本的には変わらないのですが、北川先生に出会ってからは、食生活は劇的に変わりました。
私は北川先生から食べ物のお話を何度も聞いているうちに、自然に玄米を食べようと思うようになりました。玄米を食べるのは昼だけなんですが、よく噛んで食べるのがいいのか、自然と食べる量が減り、体重が五キロぐらいいつの間にか減りました（最終的には

平成14年当時の森脇嘉三社長

十キロ痩せました）。

そして、何よりも便通がたいへんよくなりました。そういう生活を一年ぐらい続けていく中でも、肉は食べていました。しかし、時々お腹の調子が悪くなるのです。よく考えてみると、どうも肉を食べた時にお腹の調子が悪くなることに気がつきました。

体質が変わってきたんでしょうね。

そうしたら、もう肉も食べるのをやめようと思い現在に至っています。食は、その人の考え方にまで及ぶと言いましたが、まさにその通りで、肉を食べなくなると心が穏やかになり、争いごとも減ったように思います。

北川先生とビューティサロンモリワキ

十年ぐらい前から北川先生には年に二回、モリワキスタッフに対して心の教育ということで来ていただいています。最初のころは先生の言っていることが理解できないスタッフも多かったように思います。

何度もお話を聞いているうちに、また幹部たちは熊本の北川先生のところへ行って勉強したりして、少しずつ北川先生の考え方が理解できるようになったと思います。

モリワキの寮の食事も、野菜が多くなりましたし、寮では白米と玄米の両方を食べられるようにしています。

また、強制したわけではないですが、何人かの幹部は、肉を食べなくなりました。

美容室では、よく「お疲れ様です！」という言葉を使います。

ある時、北川先生に疲れてもいないのに「お疲れ様です！」というのはおかしいんじゃないですかと言われました。

確かにそうです。そして、北川先生からアドバイスを頂き、モリワキでは今は、「お元気さまです！」という言葉を日常的に使うようになりました。

昨年の四月に本店を移転建て替えしました。竣工式には、北川先生にもご出席していただきました。二五〇坪の土地に、一階が美容室、二階が研修センター、三階本部、社員食堂の三階建てのビルです。

私は、この場所を地域の人達がたくさん集えるような所にしたいと思い「モリワキランド」という名前をつけようと思っていました。

その話を北川先生にしたところ、「モリワキランドはモリワキ王国だよ、それよりも、モリワキとランドの間に愛をいれたら、やさしい感じでいいと思うよ」と言われました。

私は、「すごい！　これだ！」と思い名前を「ＭＯＲＩＷＡＫＩ　Ａｉ　ＬＡＮＤ」と決めました。これらのことは一部ですが、モリワキは、北川先生との関わりが大変に深いのです。感謝いたしております。

社員が成長を実感できる会社づくり

私は、会社が成長するというのは、売上げが増えた、店の数が増えた、スタッフ数が増えたということではないと思います。会社が成長するというのは、社員が以前より「幸せになった」「成長した」と感じられることが会社の成長だと思います。

お金は必要です。売上げも必要です、大事です。しかし、売上げ（お金）を目的にしてはいけないと思います。私は社員を大事にして楽しい職場にして、それで、経営（利益を出す）がやっていけるんだということを世間に証明したいと思っています。

また、ただ単に自分がやりたいことをやるのではなく、人としてしなければいけないことをする。そして、「利より信を選べば必ず世間が応援してくれる」と思っています。

モリワキは、すごく売上げを伸ばしているわけではありません。しかし、六十年間モリワキという企業が続いているのは、みなさんに支えられ、助けられているからだと感謝しています。

今回、このような機会をいただいた北川先生、高木書房の斎藤社長に感謝致します。

森脇嘉三、正子結婚25年のサプライズ
スタッフみんなの心が温かかった

三人の師「オヤジ」、「アニキ」、「先生」との出会い
志高き飲食人として、人様に喜んで頂きたい！

有限会社 いっとく 代表取締役 山根浩揮

「後悔なき人生を」

その日は博多へ出張だった。

新店舗を東京で出店しよう！

と、ビールメーカーさん、仲間と一緒に新会社を設立するにあたっての秘密会議を行った。

とは言え、話し合いは序盤からトントン拍子にすすみ、直ぐに飲み会へと変わり、その後は明け方まで飲んだくれてた。

朝一番、

「おばあちゃんが亡くなった……」と携帯に電話。

「明け方、施設でひとり呼吸が止まっていた」とホテルで聞かされた。

来たんだ……この時が……。

小さい頃から、大切な人が亡くなる姿を想像しては、恐ろしさのあまり一人泣いていた自分。

それが現実となった……。

「どうしよう……」

私は二人兄弟で、年子の僕達はおばあちゃんっ子だった。

山根家は商売の家系で、僕が生まれて一歳になる頃には、親父はオカンと一緒に持ち帰り寿司屋をはじめた。

ノウハウも何もないからと、嫌がるオカンを福山のチェーン店のお寿司屋まで雨の日も原付でパートへ行かせていたという。

山根浩揮社長
スタッフは社長を大将と呼ぶ

そして数ヵ月後にはオープン。

コンビニも無い時代、当時それがヒットし十店舗以上、店舗展開していた。

朝日が昇る前に出勤し、夜中に帰宅……一歳、二歳の子供達と時間を持てず、働きづくめのオカンはさぞかし寂しかったろう。


ある日、忙し過ぎて心の余裕も無かった時、たまたま夕日をみて、ボロボロと泣いてしまった……とオカンから聞いたことがある。

だから、帰りの遅い両親ではなく、おばあちゃんに毎晩ご飯を作って貰い、家族団欒は、いつも、じいちゃん、ばあちゃんと兄貴の四人であった。

コタツを囲んでの晩飯を思い出す。

じいちゃんリクエストの水炊きの時はいつも、「ご飯と合わない！」と、子供ながらにポン酢と白飯との相性についてクレームを言っていたことが懐かしい。


おばあちゃんとの思い出……というか、何故か一番に思い出すのは、ウンチをした後、ちぎったトイレットペーパーを手に持ち、トイレからおばあちゃんの部屋まで走り、お尻を拭いて貰っていたことだ。

拭き終えたトイレットペーパーの行き先に困り、「自分でトイレで拭きなさい！」と、よく怒られてたが、本気でもなさそうなので止めることなくケツを突き出し、拭いて貰ってた。

自分は施設に入ったおばあちゃんのお尻を、どれだけ拭いてあげられただろうか？恥ずかしいことに、僕は施設に居たおばあちゃんに、仕事だなんだという勝手な都合をつけ、一ヵ月くらい逢ってなかった。

だから施設から電話があった時、博多のホテルの部屋で、まだ信じられぬ想いと、自責の念で泣いた。

明け方だったので、どうやらオカンや兄貴が電話をとらず、一番に電話が繋がったのは自分の様だった。

直ぐにオカンの会社で三十七年、未だ働き続けてくれている内藤さんに連絡をとった。いの一番で新幹線に乗ったが、何も手につかない。

途中の小倉で、内藤さんより連絡があった。

「間違い電話だったみたいよ……」

という、一筋の奇跡的な言葉を信じながら応答したが、

内藤さんは泣きながら……

「駄目だったから、これから救急車に乗せる」との回答。

小倉駅では、通勤ラッシュだろう……多くの人達が行き交うデッキであったが、窓に寄りかかり人目をはばからず一人泣いた。

窓越しに目にしたのは、小倉駅前の大手居酒屋チェーンの看板。

自責の念で押し潰されそうになりながら、その看板を横目に、

今から自分も東京出店？　有名　大社長？

それでどうなるんや!?　今のお前をみてみろ!!!

目の前の人を喜ばせる!?　ええことばっか言うなや！

嘘ばっかりやお前は……馬鹿か……。

情けない自分。恥ずかしい自分。

心の中でそんな言葉をずっとずっと繰り返していた。

おばあちゃんにとって息子である親父も事故で亡くなって二十五年が経つ。

葬式の時、棺に入った親父にすがり、「入っちゃいけん、ココに入っちゃいけん！」と、出棺前に泣き叫んでたおばあちゃんの姿を僕は忘れてはいない。

親父が亡くなった時、中二だった僕は友達の家でファミコンをしていた。

夕方、猛烈に眠たくなりソファーか何かで眠ってしまったのだが、夢の中で猛烈な衝撃を受け、

「うわぁっ～！」

と大声を上げて目覚め、友達を驚かせた。

遊び終わり家に帰ってみると、家族と多くの社員さんが集まっており、親父がバイク事故で亡くなったと聞かされた。

後に、夢の中衝撃で目覚めた時間と、親父の事故死の時間が一致していた事を知る。

それから十年が経ち、おばあちゃんの夫であるじいちゃんも亡くなった。

おばあちゃんと同じ心筋梗塞だった。

じいちゃんは明け方に倒れ、おばあちゃんは血相変えて僕達を起こしに来た。

初めは意識もしっかりしていて、

「救急車は呼ばんでえぇ！」

と、気丈に振舞っていたが、次第に苦しみ出したので、救急車を呼んだ。

「ココの場所がわからんかもしれん……」

と、おばあちゃんと兄貴は何故か二人で救急車を呼びに外に出て行った。

じいちゃんと僕は二人きり。

その直後、じいちゃんは僕の腕の中で息絶えたのだった。

死に直面する体験がそうさせたかどうかはわからないが、少々では「うろたえる」事はなくなった。

ある時、従姉の叔母さんに「浩揮はいつもココという時に居ってくれるよね」という一言に（あぁそうかもしれないな……）と妙に納得し、それ以来「何かがあった時」にその場に居合わせよう……というか、「居合わせる様な人生を歩むかもしれんな」と勝手に予感している。

救急車で運ばれたじいちゃんが、市民病院で先生に臨終を告げられた時、おばあちゃんがフラフラと歩き出し何処かへ行く姿を見た。

心配なので着いて行くと、公衆電話で電話をかけ出した……相手は内藤さんだった……。

「おじいさん……亡くなったわ」

と、口に出した瞬間、おばあちゃんが初めて泣き崩れた姿……今も目に焼き付いている。

おばあちゃんも苦労人であったが、内藤さんは今もなおコツコツコツコツ、現在も働き続けて頂いている。

また毎日と言っていい程、施設のおばあちゃんに逢いに足を運んでくれていたのは事実だ。

山根家の誰よりもおばあちゃんのことを考えていたかもしれない……。

どんな場面でも、いつも内藤さんはそこに居た。

内藤さんには心から感謝しています。

本当に尊い。

あの方は言う人ではなく、「やる」人だから。

大切な人が亡くなった時にわかる……それは、後悔なき人生を歩むということ。

「若き冒険者」

広島県尾道市。

この田舎町の商店街を、金髪、ピアス。破れたジーンズに鎖をぶら下げ、スケボーに乗っていた青年。それが僕だった。

十九歳で始めた小さな古着屋はそこそこ売れた。

古着ブームの追い風もあり、二十歳の時には何のツテもなくアメリカへ買い付けまで行った。とは言え有り余るお金があった訳ではない。ボストンでは地下鉄で寝たし、クラブで声をかけた韓国人の若者に頼み込んで家に泊めてもらったりもした。

サンフランシスコでも、当時パンクハウスと呼ばれていたパンクスの溜まり場の家で十日間程お世話になったし、ロスでは地元のペットショップ屋よりも獣匂のきつい一泊二〇〇〇円もしないダウンタウンのホテルで熟睡した。

今後の人生で、あれだけ汚く危険なホテルに泊まることはないだろう。

夜中に大物のネズミが部屋を走り回っていたし、朝になると半分しか閉まらない窓の外で鳩がポッポポッポポ騒いでいた。

フリマの買い付けから戻ったら、何故かパンツが盗まれて浴室に見たことのない赤いTバックが掛かってて……。

「何かの儀式か!?」ってね。

あそこは危なかった。夜中に外側からゆっくりとドアノブが回されてるのを体験したもの。鍵かけてなかったらどぅなってたか……。

でもお陰で、そういった経験によって精神的にタフになれた気もしている。

とは言え今となれば、こんなところに泊まりたいとは思わない。

若き自分だった「からこそ」がそこにあった。

「可愛い子には旅をさせろ！」って。

流石にこんな体験してたってことをオカンが知ったらどう思うかね。

カエルの親もカエル……笑い飛ばされるだけか……。

女性って強いもの。女々しいのは男だけだって。

親父を亡くしてからというもの、オカンは今まで以上に何でも自由にやらせてくれた。

「あんたバイオリン習ってみん？」

なんてことを提案したこともあった。親父を早く亡くした息子達には、せめて人並み以上の色んな経験や、やりたいことをやらせたかったのかもしれない。

とは言え古着屋青春時代、「自由」な筈の生活は荒れた日々だった。

毎週……いや平日でさえクラブに入り浸り遊びまくっていた。

お店でもＤＪブースをつくり、爆音で営業なんてしてたから、お店の前に生ゴミを置かれたり、バイクのシートをカッターで引き裂かれたりと、嫌がらせもあった。

それでも、店のカウンターで二日酔いで寝ていても古着は売れていたし、お金に困った……などという記憶は全く無い。

毎日が楽しかった。

けれど、オカンの勧めで二十二歳で始めた居酒屋では、挫折もした。

経験も無い。

知識も無い。

少々古着が売れたからと言って、飲食店でもお客様が来店してくれる程商売は甘くはなかった。程なくして頼りにしていたNo.2が退社。だんだん雰囲気も悪くなり、残ったアルバイトスタッフも、次々と辞めていった。

心が荒れてたからか、外では喧嘩もした。警察にも何度かお世話になった。

負の連鎖からか、ヤクザの営業妨害も受けた。

「応じるくらいなら店辞めてやる！」

「いつかみてろ！　絶対見返してやる」

案外、そんな意地っ張りな性格のおかげで今があるのかもしれない。

当時の自分は、ただ儲けたい、自由に生きたい、人の下で働きたくない……そんな理由で独立していた。

経営をする上で理念などもちろんなく、「社会のため？」「貢献？」、そんな事を考えた事など一度もなかった。

ただ楽しくやりたかった。

仲間と一緒に何かしたかった。

商売の家系で育ったお陰か、周りが遊んでいる時も歯を食いしばって働いていたし、見返してやりたいと思っていた。

不透明なビッグになりたいという思いをフツフツと燃やしていた。

ＩＱなくとも愛嬌あり！

店舗いっとく

今ではこれがＭＹ座右の銘だが、果たしてこの頃の自分にそんな余裕があったかどうか記憶には無い。

「意味のある偶然」

そんな時に気さくに話しかけてくれたのが、尾道浪漫珈琲の神原社長だった。

経営のケの字も知らない自

分に、経営者としての在り方を教えていただいた。

若気の至りで、失礼にも何度も歯向かったが、未だ変わらず真剣に話を聴いてくれる「親父」みたいな存在。

何故か初めて会った時から、僕のことを……「お前は大物になる！」と言ってくれていた方だった。

まだ二十歳そこそこの若かりし自分はそんなありがたい言葉も跳ね返し、

「大人が若者にプレッシャーを与え過ぎるから伸びないんですよぉ」

などと訳のわからない理屈を並べ立て、大人になんてなりたくない。「若者こそが主役だ」と言わんばかりに肩で風を切り街を練り歩いていた。

そんな、ド田舎の居酒屋の天狗坊やが、この仕事を通じ、今では「四代目居酒屋甲子園理事長」なる大役を仰せつかり、昨年は五〇〇〇人の前で舞台に立ち、話す機会まで頂戴した。そのご縁で、一部上場企業の社員総会に呼ばれ、七〇〇名もの社員さんの前で講演させて頂いたり、全国各地でも話をしてまわった。

兎に角、理事長でなければ一生会わないかもしれない、本当に多くの方々と出会わせて頂いた。

言わずもがな、この人生の大きな財産……それはすべて「良き出会い」によってである。

つい先月、東京の神田駅で神原社長とバッタリと出くわす事件まで起きた。大都会東京の人ごみの中で「お前何しとるんや」と、後ろから声を掛けられ驚いた。しかも初めて足を運んだ神田駅で……会います!?

お互いに少しでも時間やタイミングずれたら会わなかった筈。に、しても、何かと意味付けするタチだから、(この方と一緒に過ごせってことなのだろう)なんて一緒に神田を巡ったりして。

別れた直後に乗り込んだタクシー運転手さんは、なんと広島の福山で知る人ぞ知る老舗喫茶店を三十年以上されていたマスターであった。

また続けざまに可笑しな日だなと、その意味をさぐってみたりして。

今では、ご縁や意味のある偶然を「自然に」受け入れられる自分となった。


北川先生との出会いは、株式会社ヒューマンフォーラムの出路雅明さんを通じてであった。ある勉強会で名刺交換した際、

「へぇ〜、古着屋やってるんすか？　僕も昔やってたんすよ」

などとチャラく声をかけた方が、古着業界№1の、出路さんであった。

当時、本など全く読まなかった自分に……「山根ちゃん、本くらい読めなくてどうすん

の？」バシッと一言。即日大量購入した出路さんオススメ本の中の一冊が、北川先生著『繁栄の法則』であり、読んで激震が走った。

その辺りからか出路さんを勝手に「アニキ」の様に慕い、密着することにした。そして後日一緒に熊本へ出向き、初めて北川先生とお会いした。

北川先生から学んだことだが、成長するコツは、優秀な人に張りつく事なのだと知った。

その後、毎月一日には北川先生が主催されている楽心会へと三年もの間、できるだけ毎月熊本の南小国へと出向いた。

はじめは全く理解できなかった講話も、毎月足を運ぶにつれ楽しくなった。

「足運び」

それが信用や運を生に出したのかもしれない。

自分が精神的にキツく、出路さんに電話をかけ相談したとき、いの一番で、横浜から最終新幹線で、岡山まで駆けつけて頂いたことは忘れもしない。

どうともない岡山の居酒屋で二人でグダグダお酒飲んで……相談したところでどうにもならない話をただただ聴いてくれた出路さん。

（自分もこんな漢になりたいな……）

なんて目頭熱くなったりしてね。

結局、次に日には北川先生と出路さんの三人で京都の嵐山で食事をしていた。何故か気分は晴れ晴れとしていたから、付ける薬はない。

その頃からだろうか、「師匠」という言葉の意味を考えだしたのは。

師匠とは、一生付いてゆくと決めた人の事を言うのだろう。要は、この人達の様な生き方をしたいのだ。

そんな一人である出路さんより声をかけて頂き、北川先生をはじめ、たった七人の、アメリカツアー十日間の旅に交ぜて頂いた。

ヨセミテ、セコイア、グランドキャニオン、セドナ、ラスベガス……。

世界一の岩山、世界一高い木々、世界一の渓谷、聖地、カジノなど……。

世界一という数々の雄大な自然にふれ、自分自身をみた気がした。

グランドキャニオンに沈む太陽をみた時、涙が溢れ出た。この偉大なる力には、どんな歓楽街へ行けども得る事のできないエネルギーが存在する事を目の当たりにした。

先生と過ごす「荒野の七人」旅行は不思議な出来事の連続でもあった。

イーグルが我々の上を旋回しながら着いてきたり、普段人前に現れることのないピューマと遭遇したり。すべては意味のあることだった。

旅は何処へ行くか……も良いが、「誰と行くか」が大切なのだと。

そういえば何年か前に、シンガポールから福岡へ帰る夜中便の飛行機に乗り込んでる最中、「山根くん!」と、機内で呼び止められたことがあった。

なんとそれは北川先生であった。

驚きながらも、後ろから詰めてくる乗客が気になり、

「先生、福岡着いたらお茶でも……」

なんて、座った自分の座席が先生の真後ろで唖然。

不思議なもんだな。

人生という旅を誰と歩むのか……それに気づくのも己の宿題なのだろう。

「価値感の変容」

先生からは沢山の大切な「生き方」「考え方」と、「素敵な言葉」を頂戴した。

生き急ぎ過ぎる自分に対して「走っている車からは道端に咲く花はみえない」という印象的な言葉が未だ残っている。

にも拘わらず、最近生き急いでいる自分がここにいる。

やりたい事が山ほどあるから仕方がないのだろうか!?

今年四十歳を迎える、丁度アブラののる年齢だ……働き盛りでもある。

二十代、三十代、四十代……それぞれの年代でやるべきことが何かしらあるはずだ。世の中を振り返ってみれば、ここ数年で色んな出来事が起った。

二〇一一年二月十八日、東日本大震災の起こる、わずか二十一日前、僕達は四人で山口県の上関原発の反対運動へ出向いた。

年端もいかない原発工事の下請けの若者が、工事に反対抗議する地元漁師の妻である年配女性相手に、酷い言葉を浴びせ大声で脅したり、ガンを飛ばす姿はみるに耐えないものであった。二十八年間以上も原発工事反対運動をやり続けている方々だというのに……。

しかし、その二十一日後……結果的に、震災、そして原発事故が起こり、自分達は間違っていなかったことを理解した。何より今では、世の中の価値観が変わってきたという「実感」が今はある。


自分のためだけに動く人にはなってはならない。

人様を苦しめながら生きる意味を見い出すなどは無い。

利よりも義を。

利よりも信を。

自分はありがとうと言われる人生を歩もう。

今年四十歳、いい歳となる僕等は第二次ベビーブーム最後の世代。

今年は前厄年へ突入する。

今年は厄年へ突入する。

前厄、本厄、後厄……。

ベビーブーム世代と厄年の三年がピッタリと重なるのは奇しくも今年だけなのだ。だからこそ意味がある。

厄年とは、体力や健康面もそうだが、

「生と死を間のあたりにし、人生をみつめ直す時期である！」

そんな意味が込められている気がする。

今こうして振り返ってみると、この半年間は前厄年のせいか今迄の人生で最も激動期と言っていいだろう。

昨年の十一月、十二月と、母方のおじいちゃん、そして、母親代わりに育ててくれたおばあちゃんを立て続けに亡くした。

居酒屋甲子園理事長という立場でも、全国を賑わす嬉しくない報道もされた。

いっとくの支え　生産者の良き仲間

いっとくが行う農業イベントの様子

自ら企画した新しいイベント開催準備では、人生の中でも精神的に相当辛かったし、そんな時に限って会社への残念なクレーム。

イライラが募っている……何かと思い通りにならないことが多いと感じる。

そんな時に思い起こされるのは師の存在だ。

「オヤジ」、「アニキ」、「先生」

一生ついてゆくと決めた三人の師を三十代で授かったことは、自分にとって最高の転機であり財産だと確信している。

(この方ならどう考えるだろうか)

わざわざ聞かずとも、僕は勝手にこの三人の誰かとなって思考を巡らすことが出来るのだ。

そしてまた一つまた一つと困難を乗り越えてゆく。

これから先、この人生を通じ、師匠達の様に、良き影響を与えてゆけるだろうか。

死んだ親父は、いつも「一期一会」という言葉を大切にしていた。

一期一会の本当の意味は、
いつも逢う目の前の人を大切にすること……だという。

目の前の人を大切にしてなければ後悔する……と、あたりまえの様に教えられ、なんたらセミナーや本で学び、子供達や仲間達にも伝えてきたつもりだが、結局まだたいしてわかってはいない。

そうならないとわからない……これも本当のことだと思う。

だからこそ、悔やみきれぬ後悔をした者として伝えたいと思う。

「ありがとう」や、「ごめんなさい」

そんなあたりまえの言葉を、目の前の大切な人に伝えましょう……と。

行動によって示せる自分であり続けたい。

それはとてもシンプルなことだ。

亡くなった親父、おじいちゃん、おばあちゃんは繋がりを心から大切にした人だったと思う。未だに「あんたの親父さんには世話になった」とよく言われる事が何よりの証だ。

三人が居たからこそ僕も存在しています。

そして、今も現場で元気に働くオカン。

「仕事が趣味なんよ」

と、毎日現場で汗を流し、コツコツコツコツ働く姿はカッコ良く、また美しい。

何年か前に地元の先輩から聞いた話。

毎年元旦に朝イチでお店の掃除をしに行っているが、自分より先にオカンがお店の掃除に来ていたという。後輩が向かいの店から眺めていたら、店の入り口の踏み石を何かブツブツ言いながら雑巾で拭いていると言うんです。

「山根くん、あれは明らかにありがとうございます……って言っていた」と。

息子ながら、三十年以上そんな事をしているのを知らないという現実。

「ありがとう ありがとう ありがとう ありがとう」

十年前の結婚式でオカンから貰ったシンプルなこの言葉が、頭から離れる事は一生ない。

「教えは自然から」

沖縄行きの飛行機内。春休みシーズンだからであろう。隣の席では、女学生と思われる三人組が、「凄い！　霧の中に入ってるよー」「違うよ、雲よ雲！」目をキラキラさせながらそんな会話で盛り上がっている。

（初めて飛行機に乗ったんかな？）

正直、ひと月に何度も飛行機に乗る自分には全く興味が薄れている。

新鮮さは失われる……だからこそ、足を運び、まだ見ぬモノをみ、新しいことに挑戦す

いっとく自社米の田植え

一緒に汗を流した仲間達

る。そうやっていつも新鮮な自分でありたい。

心のレベルを上げてゆこう……。


気づけば自分も三児の父。

年端もいかぬ子供達にカッコイイ背中を魅せられているだろうか。

子供達の明るい未来を創りたい！　それには、自分が子供達に憧れられる存在となればいい。押し付けるのはやめよう。

同じ種類の木しか生えていない山は地滑りを起こしやすい。

だから……「色んな種類の木が生えている山が強い」という。

「山」に「根」を張る……そう勝手に解釈すると、山根家の逸話みたいで、何だか面白い。

けれど配慮はするが遠慮はしない。言うべきは言う。

風土づくりは欠かしてはならない。でなければ根も腐る。

忙しい日々に身を置く時、イライラや不安、「怒り」が頭の中をグルグルする。

そんな自分でも北川先生から褒められたことがある。

「山根くんの良いところは、悩み抜かないところだよ」……と。

良きリーダーは長くは怒らない。

グランドキャニオンで己のちっぽけさを知った。

北川先生の住む南小国の大自然から、静かに己をみつめる大切さを学んだ。

山や雲や木々をみて何も感じなかった自分が、いつの間にか大自然に畏敬の念を示せる人間となっている。

毎年六月頃になると社員全員、子供達も一緒になって自社米の田植えに向かう。

そこでは上も下もない。大人達が子供になる。子供達は大人に蛙や虫の扱い方を教えてくれる。キャーキャー逃げ惑う女性スタッフ。

（ずっとずっと皆とこんなことをやっていけたらいいな……）

土に触れ、ただそんな光景をみているだけで生きていて良かったと実感出来るとは言え、あくせくした日常に戻れば、まだまだ怒りを消し去ることは難しい……それでもいい。

未熟者が前を向いて一歩一歩。

起こった出来事に右往左往するのではなく、何かしら人様のお役に立ち、活躍する姿を、親父、おじいちゃん、おばあちゃんへの恩返しとさせて頂く。それを「宣言」としよう。

川辺に生えるヨシとアシを尻目に、清流はただただ流れてゆく。

人生良し悪し。

何のために生きるのか？

「それは人間として成長するためです」

きっと僕はこう答えるだろう。

けれど、本当のところまだわからない……。

だから、さぁ！　今！　目の前！

志高き飲食人として、本日も感謝の心をどこかに置き忘れぬように。人様に喜んで頂くために！

本日も、元気いっぱい晴りきって参ります。

「おはようございます！」

生涯現役で働きたい　ライフワークは『独立宣言』

株式会社　独立宣言　代表取締役社長　入部直之

私はかねてから、人生三毛作と考えてきました。
最初の三十年は人として一人前にさせていただく時代、
いわば社会から与えられる時代。
次の三十年は最も旺盛に社会で活躍する時代。
三毛作目は、社会に還元する時代。
昨年（二〇一三年）三十二年間勤めた会社を辞め、
経営コンサルタントとして、株式会社独立宣言を設立しました。
定年直前の五十八歳での起業。
この文章により、今までの私と、これからの私の想いを、お知らせすることで、
これからの私の決意表明とさせていただきたいと思います。

【一毛作目】

のんびり屋から行動派へ　医者になろう

私は三人兄弟の三男として一九五四（昭和二十九）年に東京で生まれました。両親は女の子を切望していたようで、考えていた名前が直子だったので直之となったそうです。末っ子として、兄達のように「良い学校に行く」親からのプレッシャーもあまり感じなく、自由にのんびりと過ごしてきました。幼稚園の頃は、昼食を皆が昼寝をして起きてくるまで食べ続けているような、マイペースぶりだったようです。

体が小さく中学に入るまでは、ほとんど前から一番。朝礼では腰に手を当てて先頭に立っていました。

母は、教育熱心で日々口やかましく言いながらも、手作りの料理を毎日毎日食べざかりの男子三人と父にせっせとこしらえてくれました。一時はご飯を八合、毎日炊いていたとこぼしていました。

父は、大正生まれらしく、仕事も遊びもバランスよくこなし、穏やかでいつも機嫌よく接してくれました。そんな父を一度だけ怒らせたことがあります。電気スタンドの傘を取ってスイッチを入れたまま電球を外し、ソケットにコインを投げ入れてみたところ家中がショートしてしまいました。後にも先にも、一度だけ、げんこつをもらいました。

体は小さいものの体は丈夫だったようで、ほとんど学校を休むことはありませんでした。じっとしていることができずにいつも自転車で出歩いて、帰り道が分からなくなることもしばしば。

高校の頃は、いとこと二人で、東北の三陸沿岸、国道45号線をひたすら仙台から青森まで、五〇〇㎞を一週間かけて走りました。丁度今回の大震災が直撃した沿岸部を走ったことになります。昨年、ボランティアで釜石の北側にある吉里吉里という集落を訪ねました。もしかしたらここに来たことがあるかも知れないと思い、帰って当時の写真を探してびっくり、吉里吉里トンネルの前に立っている十七歳の私を発見しました。(写真1)

(写真1)

その頃母方の祖父が、今で言えば脳梗塞だと思いますが、だんだん半身がまひしてきました。道をまっすぐに歩くことができません。道の左側に歩いて行ってしまいます。よく一緒に手を引いて歩いたりしながら、病気の進行をつぶさに見ていました。よし、医者になろう、最初のきっかけは祖父を見てそう思いました。

夢中で読んだ冒険話　医学部挑戦は八戦全敗

その頃大好きだった作家は、北杜夫。どくとるマンボーシリーズを全部読んでいました。中でも『どくとるマンボー航海記』は、小さな水産庁の調査船に乗り、船医として世界の海や港をめぐる北杜夫の自伝的な旅行記、何度読み返してもわくわくしました。その頃は、西堀栄三郎の南極越冬記や15少年漂流記など、知らない世界を旅することや冒険話を夢中で読んでいました。

そこで短絡的な私はこのように決めました。

まずは医者になるために医学部に入ろう、次に船医になって世界中を旅しよう。その次には、南極越冬隊の専属の医者として南極越冬隊に入ろう。陸に上がってからは、へき地医療をやろう。へき地医療といっても高い志というよりは、岸壁で釣り糸を垂らしながら大あくびをしていると、年を取った看護婦さんが走ってきて、先生急患ですよ……こんな具合に将来設計をしました。

サラリーマン家庭でしたから、私立の医学部は、はなから論外。国公立に絞り、当時は一期校と二期校がありましたので、一年に二回のチャンス。それから、現役、一浪、二浪、三浪と都合八回の挑戦は八戦全敗。

周到な計画にも大きな欠陥があったことに後から気が付きます。

国公立の医学部に入る学力がない……

一年目や二年目に気付くのが普通です。兄達や両親も少なくとも無理なんじゃないのとサインは出していたのだと思います。でもあの子は、次の年は入れるさ、とバカみたいに信じ込んでいる節があるので、はっきりとは言えないよな……こんな感じだったと思います。いずれにしても、何も言わずに本人が看板を下ろし諦めるまで、黙ってやらせくれた両親に感謝あるのみです。

工学部へ　リコーダーサークルに入る

私立の工学部に入ったものの、目的を失っていた私は水面をアメンボのように走るボートを漕いでみようと思いました。ただ、先輩は皆年下で、私がというよりは先輩が気を使ってくれることがいやになりやめました。

大学には十㎞ぐらいの道を、冬も健康サンダルをつっかけて自転車で通っていました。学内で何時も、授業中でさえも、笛の音がする部屋があります。そこはリコーダーサークルの部室で、前から素朴なリコーダーの音色が好きだったので、訪ねてみました。すごく居心地が良いところで、沢山の仲間や、さらには妻ともめぐり合うことになり卒業まで在籍しました。今でもリコーダーの六重奏を妻ともども楽しんでいます。（写真２）

（写真２）

じっとしていることができない性分は変わらず、自転車で北海道を一人旅。稚内での一人キャンプ、貧乏そうな若者に、あるファミリーがメロンを一個くれました。小躍りした私は生まれて初めて、あの高級なメロンを独り占め、半分に割って一気に全部平らげました。その夜はメロンの思い出に浸りながらの一人テント。

夜半に、急に雷鳴がとどろいて大豪雨、怖くてこわくて早く収まれと祈っていました。しばらくするとテントと寝袋に守られているから大丈夫かなと思いながら、今度はこわさより睡魔。気が付けば爆睡、朝になって起き

（写真３）

（写真４）

ると体が水没しています。手や足の皮膚が白くふわふわしています、猛烈に寒い。すぐに走り始めて体を暖め、よし、ついでに水没した寝袋や服も乾かそう。（写真3）

ほんとにバカで元気でした。会社に入ってからも、海外、国内出張中も、スニーカーを持参して現地で必ず走ります。（写真4）

【二毛作目】

東京ディズニーランド開業の二年前に新卒で入社

大学を卒業してさて何をやろうか？　ずいぶん回り道しているので大きな会社には入れない。大学で学んだ化学も真面目にやらなかったから、何の分野でもいいので新しいことをやろう、と思いました。

資源系の海底油田の探索会社など、いくつか訪問させていただい中の一つがオリエンタルランドという会社でした。浦安でテーマパークなるものをやるらしい。今では想像できませんが、当時は海のものとも山のものとも定かではない会社でした。

東京ディズニーランド開業の二年前、一九八一（昭和五十六）年に新卒で入社しました。入社してすぐに、少し遅刻して研修会場に着き前の扉から入ると、一斉に皆が起立して礼。

（写真5）

新入社員にしては歳を取っていたので、人事課員に間違われました。入った当時は二〇〇名足らずの所帯、昼休みにはのどかにバレーボールなどをやっている、まさに地方の工場勤務のようでした。

三十二年前、舞浜はまだ広大な埋め立て地、何も建設されていない更地でした。二年後の第一創業期ともいえる東京ディズニーランドの開業時は、パークが日々現場で形になっていく姿にわくわくしながら、寝袋持参で会社に寝泊まり。

商品企画開発から外資を買収 経営者へ

後にも先にもあれほど、まさに寝食を忘れて働いたことはありません。最初の仕事は、購買課員として金庫扉を買ってくるというもの。金庫扉なるもののメーカーも何も分からず、勉強がてら当時三井銀行の本店の金庫扉を見学させてもらったりしながら、無事初めてのお使いができました。

以降は、ほとんどをキャラクター商品の企画開発などの商品ビジネスのフィールドで過ごしました。（写真5）

次に大きなプロジェクトは第二創業期ともいえる、東京ディズニーシーの開業準備。商品部門で、東京ディズニーシー開業準備のためのプロジェクトコーディネーター的な役割を、商品の企画課長として担っていました。

およそ三年間の準備期間を経て五ヵ月後に開業という時に辞令が。

なぜこの時期なのか、なぜ私に、と本当に驚きました。ただ、後になってみると、私にとって何よりもかけがえのないキャリアを身につける大きな転換点となりました。

当時水面下で話が進んでいた、米国の会社を買収せよという辞令でした。全国展開する五十数店舗を保有する小売ビジネスの会社を買収する件。着任して四ヵ月後には、買収契約が締結され晴れて公になりました。それまでは、何をするか分からずにいなくなった入部は今どこで何をしているのか、ということでしたが、ようやく仲間に苦労話ができ、ほっとしました。

二〇〇二年には買収した会社が新会社として設立され、以降四年間経営者として働きました。

商品の企画課長から年商数百億円の会社の役員。外資らしくアシスタントをしてくださる秘書も部屋も用意されています。部屋には、木製の立派なデスク、椅子は革張り、プレッシャーのただ中に放り込まれました。

私の前任者の役員の方は、部下から慕われている英国紳士。今まで、米国の方々とはずいぶん長く仕事をしてきましたが、暗算ができる外国人と初めて遭遇しました。ジェントルマンとは彼のこと。買収される側と買収する側という関係ながら、まだ正式に買収が成立する前からオフィスに出入りさせていただきます。

彼の主催する全ての会議に同席し、彼の隣りが私の指定席。何かにつけてメンバーに向かって次のボスはイリベだ、とお話してくださいました。立つ鳥跡を濁さず、本当に丁寧に引き継ぎをしていただきました。

女性社会の職場でサファリパークの園長という勲章を授かる

アシスタントの方は私と同年代の外資ばかりを渡り歩いてきた方。「私はボスにスピークアップ、つまり直言してよい文化で育ってきましたから、何でもストレートにお話します」と宣言します。

純粋の日本企業で長く育ってきた自分に取って、このようなアシスタントの存在や、ボスのトップダウンによって組織を動かす外資とのギャップに、本当に日々びっくりすることばかり。かつ役員としての能力や見識を試される、まさに、まな板の鯉状態がしばらく続くことになります。

（写真６）

この会社は基本的に女性社会、マネージャーも女性が多く、声が大きいのも女性です、まさに個性の見本市。数年後には、おかげさまで私はサファリパークの園長という勲章を授かることになります。

とにかく最も優先しておこなうべきは何か？　と必死に考えた結果は月並みなことです。メンバー皆と私の信頼感を一歩一歩高めていこう。とにかく私という人物を知ってもらうために、メンバー全員と声を交そう。組織に所属する社員、派遣社員、契約社員など全員と丁寧に面談をすることから始めました。

身近でアシスタントをしてくれた方々は、以来女性社会の中で私が気付かないことをそれとなく伝えてくれ、最も頼りになる味方になってくれました。嬉しかったことは数々ありますが、中でも丁度五十歳の誕生日を迎えた日に、皆でサプライズパーティーをしてくれたことです。（写真6）

オリエンタルランドからの出向の身でしたが、この会社で定年まで働きたいと思っていたところ、またもや辞令。今度は、舞浜駅前の商業施設への出向、最後には再び本社に戻ります。

定年制度に疑問　体が動く限り働き続けたい

激動の舞浜の外の世界を経験して帰った本社は、かつて私が所属していた時代と同じ時間が流れていました。本体の経営は、さまざまな経済変動を経ても三十年間右肩上がりに業績を拡大させてきました。

大きな変化をする必要がありません。浦島太郎的に、異なる世界を見てしまった自分の活躍する場はここにはないのかも知れないと思うようになりました。そんな私の思いを分かってくれたのか、本社に帰ってからは、業務変革のプロジェクトなど、主に特命事項を担当させていただき、外での経験を存分に発揮させていただきました。

仕事そのものは楽しくさせていただきながらも、六十歳の定年がだんだん迫ってきます。

これからどうしよう、漠然とその後のことを考えるようになりました。日本で定年が制度として根付いたのは近代になってのこと。

元来、働くことが主に農業だった時代には、体が動く限り働き続けたはず。体力も知力も個体差があるにも拘わらず、六十歳や六十五歳で一律に線引きすることに大きな違和感を覚えていました。次のステップを本気で考えようと思いました。

この歳になってからの自分探し。

自分が今までの人生で本当にうれしかったこと、大切にしている価値は何か？

自分は本来何をしたかったのか、自己実現の方向性は？

自分のキャリアを用いて六十歳前後からスタートして実現できそうなことは何か？

こんな自問自答を繰り返すうちに、いくつかはっきりしてきました。

次のステップに向けさまざま試行　勉強になると思えば即行動

私は元気なうちは、社会ときちんと接点を持ち続けたい。私にとって悠々自適の老後よりは、生涯現役を目指して働きたい。

働く分野は、人に関わること。

今までに本当に多くの方々と接点を持って仕事をさせていただきました。中でも、仕事を通じて、部下の成長を応援することに最も大きなやりがいを感じてきたことに気が付きます。すぐに準備を始めました。会社に勤めながら、自分のプライベートな時間を用いて本当にさまざまなことを試行しました。何でも自分の直感で、勉強になると思えば即座に行動しました。

小宮一慶さん主催の経営コンサルタント養成講座には十ヵ月通いました。正しい経営の心得に付いての講義、毎回目からうろこの連続でした。経営コンサルタントとして、経営に対する正しい考え方を身につけさせていただきました。

次には、ＥＱ（心の知能指数）の資格を取得しました。ＥＱとは、エール大学の先生が、シリコンバレーでベンチャービジネスの成功者を調べたところ、成功にはＩＱ的な頭の良さと、もうひとつの能力が必要だと気が付きます。対人関係において豊かに感情を用いることができることや、人間的な魅力を携えて、人をリードしていく能力がＥＱの概念です。

さらには、ある日新聞を読んでいると、社会貢献のために活動する団体を支援するＳＶＰ東京という団体の記事に目が留まりました。そういえば、社会貢献、ボランティアなどの世界にはまったく縁もゆかりもなかったな、話を聞きに行き即座に加入を決めました。

ＳＶＰ東京とは、ＮＰＯなどの社会貢献を目指す団体に対し、資金と会員個々のスキルを無償で提供する中間支援団体です。資金は会員自らが拠出します。

会員はほとんどの方が本業を持ちながら、ボランティアで支援をします。本業は多種多様、メーカー、IT、商社、サービス、金融、国際協力、シンクタンク、弁護士、税理士など。会員は本業で培った技を用いて、支援先の団体が自立して持続的に社会貢献するために団体の方々と協働します。

活動に参加して初めて、私の社会に対する見方は、一方向の窓からしか外界を眺めてこなかったことに気が付きます。この活動を通じて、もう一方の窓が大きく開いた感がしました。まだ見ぬ世界の景色がわっと目に飛び込んできました。

「人」や「組織」の自立を応援する経営コンサルタントとして起業を決意

これからは、経営コンサルタントとして、「人」や「組織」を自立させることに注力し、事業の持続的な成長と、そこで働くメンバーの幸せの実現を目指そうと定めました。

さまざま考えた末に、定年の無い世界で生涯現役を目指すのであれば、自分で会社を起こすしか方法はないと思いました。新たなことにこの歳からチャレンジするのであれば、一刻も早い方がいい。二〇一三年一月、五十八歳で会社を卒業させていただきました。

会社生活全体を振り返れば、三十二年間、新たなことや変革を強烈に志向する私の性格を誰かがきちんと見てくれていたのだと思います。

時々の、二つのパークの立ち上げ、新組織、新規事業、初のM&A、業務変革プロジェクトなど、いつも新たな貴重な経験をさせていただき幸せだったなとつくづく思い、大感謝です。

【三毛作目】

依存せずに自立する生き方　『独立宣言』に込めた思い

会社を辞してすぐ、二〇一三年三月には、株式会社独立宣言を設立しました。

会社の社名は、私が実現したいことをストレートに分かりやすく表現したものです。

出向先から本社に帰った頃、出向先の外資系会社と比較して、何かにつけて戻った本社に対し、不平や不満を抱いていました。「隣の芝生としてはめちゃくちゃ青いはずの我が会社」に対して、いつの間にか、最高の環境につかりきって文句を言っている自分がいたのです。

なぜこんな考えや思いに至ってしまったのか？

本来人生は主体的に自ら切り開くものじゃなかったのか？

絶対的な安全地帯にいながらの、いわば会社に依存しての不満だったのです。これではいけない、これでいいはずがない、とずっと考えていました。

そんな時、ふと「本日私は独立宣言します」と自然につぶやきます。会社を辞めるとか、辞めないということには拘わらず、私は会社から独立しました。この瞬間から、何をやるのもすべて私が決めること、何をやるのも私の自由、すべてが自己責任。直後からものすごく自由さを感じ、これからの人生もっともっと素晴らしくなるだろうと確信しました。本気でうれしく、わくわくしました。

本日から私は誰にも、どこの組織にも頼らずに生きていくための自分磨きを始めよう。「独立宣言」を本物にするためには、自分を律し、もっともっと高みに立った自立を目指そう、このように行動することを決めました。

こんな風に自らに宣言をして周りを眺めると、世の中はまさに、不平不満に満ちあふれています。会社が、上司が、部下が、先生が、生徒が、親が、夫が、妻が、いや政治が、経済が、社会が悪い……。責任をすべて他に転嫁するばかりです。こんなことをしていて世の中よくなるのだろうか。否、否、否、そんなわけはない。一人ひとりの自立性を高めることこそ、最も今の世の中に必要なのではないか。自分の身の丈に応じて小さくとも少しずつ自分の力で変化させる大切さが理解できる人。人に責任を転嫁せずに、自ら責任を取ることができる範囲で、一歩一歩努力することができる人を一人でも多く増やしたい。

こんな想いを強く持ちました。社名はこれしかないと確信しました。

会社経営の二本柱　経営トップの資質と働くメンバーの力量とチームワーク

私は会社経験の多くを、購買業務や商品取引に携わってきました。その間、バブルに至る時代、バブル期、バブルがはじけた以降、リーマンショックと大きな経済変動を経験してきました。何百社もの日本の企業の方々やアジアを中心とした、中国、ベトナム、タイ、韓国、台湾などの方々とビジネスをしてきました。本当に多くの経営トップの方とめぐり合う機会をいただきました。

そして残念ながら、その間には相手先企業の倒産や廃業に追い込まれる場面に多く遭遇してきました。

このような経験から、この会社あぶないかもしれない。経営トップの言動や行動から、まずいかもしれないと思える勘が働くようになりました。

トップがビジネスに関心がない、部下にまる投げ、一族だけが豊かな生活、部下との信頼感が感じられない、営業に来る社員が会社への不信感をあらわに、など……。先行きが怪しい会社には多くの共通事項があります。

逆を言えば、社内の人間模様が信頼にあふれ、会社を訪れると皆が笑顔で、社内が整然としている、経営者が社員を大事にし、本業のビジネスにすごく熱心、こんな経営者とお会いするとホッとしました。この会社との取引を進めたい、むしろ積極的にお付き合いさせていただこう。

会社経営は二本の柱だと思います。一つは圧倒的に影響力を持つ経営トップの資質。もうひとつは、そこに働くメンバーの個々の力量とチームワーク。全日本のサッカーチーム、最近本当に強くなったと思います。一人ひとりが、海外のチームに一人だけで飛び込んでのチャレンジと自己研鑽。レベルの高い自立性を備え、個の力に秀でています。チームメンバーとしては、チームが勝つという使命のためには、自己犠牲もいとわない、チームとしての結束力を発揮します、こんなチームが理想の組織です。結局最後は全て人に帰する。プレーヤーが高い自立性を備えること、プレーヤーがパフォーマンスを最大化できる環境を整えれば、お客さまに最高の商品やサービスを提供できる。

経営トップがトップの持つ大きな責任を認識し、率先して部下一人ひとりの成長を支援しチーム力を最大化すれば、理想とする会社を実現できると思います。私はいつも心から仕事を楽しんでやってきました。すると楽しさは必ず周りに伝わります。こんなシンプルなことの積み重ねが大事だと思います。

ディズニー成功要因　It takes people.（結局は人なんだ）

北川先生とのご縁は、北川先生と私がサクスフォンの松沢先生の共通の弟子として、松沢先生から紹介いただきました。昨年の5月に北川先生に初めて勉強会に誘っていただき、何も予備知識なしにお話をお聞きしました。

先生のお話とその場にいらっしゃる方々の向かう進路が、私が理想と思ってきたことにぴったり、本当に驚きました。今この文章を書きながら、まるでそこにいることを誰かが周到に用意してくれたように思います。

「人の心に火を灯す」という先生の言葉をお聞きし、そうありたいと強く思いました。

東京ディズニーリゾートの成功要因について、現役の時にはあまりにも身近で、深くは考えてきませんでした。本当にさまざまな要因がありますが、一番大切なことを一つだけに絞ることは容易です。〝It takes people.〟（結局は人なんだ）と、ウォルト・ディズニーその人が言っています。

お客様をゲスト、働くメンバーをキャストと呼びます。ここで言う（結局は人なんだ）とはキャストのこと。ものすごくシンプルに言えば、三つのことだけです。

一つ　ディズニーのマジックとは、キャストの人としての良い面を引き出します。
二つ　キャストはゲストを喜ばせることが我が喜びとなり、ゲストを観察し続けます。何か困ったことがあればすぐに飛んで行って助けます。さらに喜びが増え、もっともっとゲストに喜んで欲しくなります。
三つ　ゲストが困っているシーンはケースバイケース。基本的には、ゲストに喜んでもらうための行動には、昨日今日入ったキャストにも大きな裁量を持たせます。
ものすごく簡単にお話しするとこれだけです。まさに「人の心に火を灯す」ということを、人は本来望んでいるのだということを表しています。

「他者」に優しく　豊かな人生を「自ら」切り開く

私の願いは一つだけ。経営コンサルタントという仕事を通して、「他者」に優しく、豊かな人生を「自ら」切り開いていける人を一人でも多くすること。二人の息子にもこのようにあってほしいということです。

どこの会社にいても、どこの組織、学校、家庭にあっても、そこにいる一人ひとりが、充実感を持ち、達成感を感じ、日々成長することを実感できる、毎日の小さな幸せの積み重ねこそ本当に大切なことだと思います。

経営コンサルタントとして走り始めました。先般には、二社の社員教育をさせていただきました。二社とも十人ほどの会社で、全員が社員研修を受けることは初の試み。年齢も二十代から四十代、キャリアはさまざま、男女はおよそ半々。一社は全社一丸となりたいということで全員一緒に、もう一社は、年齢別に二十代、三十代、四十代とグループを分けて実施。自立性、コミュニケーション、チームワーク、業務改善などを、四時間×一〇回させていただきました。

皆で楽しく話し合いながらのワークショップスタイル。お互いを知る時間が多くなりフランクになった、本当に社内が明るくなった、と喜びの声をいただきました。

まだまだ一年余りですが、さまざまな方々とお話し、考え、笑い、時には真剣に悩み……。私は人と交流することが本当に大好きです。この仕事を選択して間違っていなかったと、毎日わくわくして取組んでいます。

新たな世界に向かって、改めてフレッシュな気持ちで頑張ります。

どうか皆さまには今後とも、ご指導、お導きいただきたくよろしくお願いいたします。

人生で何一つ無駄なことはなかった
北川先生との出逢いで生き方が明確に

有限会社　イソ・コーポレーション　代表取締役社長　磯部昇一

昼行燈で抜け殻状態になった子供時代

オリンピック選手を夢見た頃もあった

いまこの歳になって思い起こしてみても、子供の頃の私は、異常にエネルギーに溢れたムチャクチャ元気な子供でした。

ついたあだ名は、「マメダンプ」。意味合いとしては、「小ぶりだが馬力にあふれ猪突猛進するガキんちょ」といったところでしょうか。

そんな子供の頃の性格がよくわかるエピソードがあります。

あれは小学校三年生の授業参観日のことでした。

窓側の一番前の席だった私は、母親が参観に来ていることもあって、大いに張り切り、担任の加藤先生の優しい質問に手を挙げて猛アピール。

「先生！　ハーイ！　俺わかる！　先生、俺当てて！　ハーーイ！！」

と言って椅子の上に立ってまでアピールし続けましたが、結局先生は、戸谷さんという普段からおとなしい女の子を指名し、彼女は正解を答えてしまいました。

次の瞬間、私は教室中に響き渡るほどの大声で、

「なんだー！　俺も分っとったのに、何で当ててくれんのだ～！　先生のケチ！」

と、先生に思いっ切り文句を言う始末。

父兄の前で担任の先生は苦笑いするしかなく、私の母親は真っ赤な顔をしてうつむき、教室から退室していきました……。

そんな「オレがオレが！」の私に手を焼いた両親と祖父母は、土・日はボーイスカウトに参加させ、平日は野球部の練習、平日の中でも火・金は愛知県の上級者体操教室に通わせました。次第に私は、体操のオリンピック選手を夢見るようになりました。

そんなこんなで体育の授業では必ず模範演技をさせられ、いつも「ドヤ顔」をしている……それが幼いころの私でした。

小学校四年のドクターストップ

そんな私の転機は、小学校四年生の二学期でした。

当時、ツベルクリン反応を見る注射があったのですが、検査の意味も知らずこれもクラスで一番大きく反応が出て、クラスのみんなに見せびらかして自慢していました。

のちほど大人になって知ったことですが、これは結核に感染しているか否かを調べる注

射なので、私は十歳で結核菌の保菌者というレッテルを張られることに。

結果、発病しないようにするには、免疫力の低下を防ぎつつ、大人の体力がつくまでのしばらくの間、体力の消耗を避けねばならない！　ということになりました。

それゆえに、発病しないようにするため、運動という運動にドクターストップがかかってしまいました。

模範演技に生きがいを感じていた体育の授業も見学、野球部もオリンピックを目指した体操競技も辞めさせられました。

親に抵抗はしてみたものの、まだわずか十歳ではグレることもできず、その後の私は昼行燈のようにボーッとして、毎日毎日を抜け殻のように過ごすことになりました。

昼行燈で抜け殻状態の私に追い打ちを掛けてきたのが、原因不明の腹痛でした。

二学期後半から腹痛に悩まされ、学校に通学できない日は病院通いを強いられていました。今ならストレスによる腹痛・胃炎とでも診断が出たのかもしれませんが、四十年前ですからそんな言葉もなく、お腹がシクシクと痛くなるたびに、私は母に連れられ病院通いをしていました。

およそ半年ほどの間に都合五十回くらいバリウムを飲まされ、毎日のように白いウンチをしていたような、そんな記憶があります。

妻は憎まれ役を買ってくれていた

子供二人に恵まれて……しかし

身体も心も時間とともになんとなく癒えていき、大人の体力がついてドクターストップも解けた高校、大学はラグビーに明け暮れ、卒業後はラグビー部のある一部上場のゼネコンに入社しました。当然バブル前の事ですから終身雇用が当たり前で、社内での出世が幸せへの近道だ、などと思っていました。

そんな私も三十一歳で結婚し、三十三歳で長女に、三十五歳で長男に恵まれました。

もともと蔵のあるような家に生まれ育った私は、結婚後も実家のすぐ近くに住んでいましたが、月日が経つにつれ妻と私の実母・独

ラグビーに明け暮れた日々

子宝に恵まれながら夫婦は……

身の姉との折り合いが悪くなり、いたたまれなくなって長男出産後には彼女の実家との中間地点に引越しました。

本家の長男である私が引越しまでしたのだから、時々は専業主婦の妻が子供を連れて私の実家に顔を出してほしい、と妻に頼むもまったく出向いてくれず、逆に自分の実家に頻繁に子供を連れて宿泊するような有様で、このころの内はどんどん穏やかでなくなり、たびたび口論をするようになっていきました。

勤務先が破綻　起業するもさらなる試練が

一九九八（平成十年）年、勤めていた会社から突然赤紙（リストラの面接呼出し通知）を突き付けられ、社内でも受注実績を上げていた私は、

「何でオレなんだ！　会社にまったく貢献していない連中もっとほかにいるだろう。好き嫌い人事でこんな理不尽な目に合うのか？　ちくしょう！」

と、やりどころのない怒りの日々を送ることになりました。

その後の三年間は、家庭もかえりみず、夜討ち朝駆けで営業活動を続け、ガンガン実績も上げて行きましたが、その甲斐もなく二〇〇二（平成十四年）年七月、勤めていたゼネコンが破綻してしまいました。

会社は、三年前には辞めろと赤紙を突き付けた私に対して、今度は手のひらを返し「当然残るだろう！」と言い放ってきました。

現場で行われる不正な行為を見て見ぬふりする会社、能力を適正に評価しない会社、それらの事柄に辟易し、会社を去りたい私に対して、オファーのあった同業他社への転職は、頑として認めてもらえませんでした。

どうやって円満に会社を辞めるか、それで思いついたのが起業でした。とにかく今勤めている会社を辞めたい！　まったくもって変わった理由で会社を創業しました。

格好よく起業したものの、何のバックボーンもお客さんもありませんでした。できることと言えば、人に会って自分の名刺を配り続けることくらいです。

しかし、所詮建築と不動産のブローカーでは稼げず、なかなか給料も思うようにはとれませんでした。妻には相談して辞めたのですが、「あんた本当に辞めたの!?」とか、最後には「ハズレくじ引いたわ!」とも言われてしまいました。

そのうえ妻には虐げられて一方的に無視されるわ、自分の実家とも良くないわ、そんな八方ふさがりの生活でした。でもそんな状態でも耐え忍ぶことができたのは、かわいい子供たちがいたからです。

思うように稼げない私は、ただただ辛抱するしかありませんでした。

なんとか夫婦関係を改善したい

そんな中でも、夫婦関係を少しでも改善したくて、妻に頭を下げまくって新興宗教に約七十万円も支払って入信してみましたが、彼女は入信三日目には突然「やっぱり辞めます!」と言って、とっとと辞めてしまいました。

子供たちは私にもなついていましたし、離婚するという選択は私にはありえず、毎日のネグレクトに耐えながら、無視されつづける理由を考えに考えました。

単に性格の不一致で片づけられるものでも、また、育った環境の違いのせいでもないだろうといろいろ考えました。

私は先に述べたような家系に育ちましたから、封建的で男尊女卑的な考えが身体に浸み込んでおり、仏壇不要の新家の商売屋さんに育った彼女とでは、根本的な考えの違いがあることを、このとき理解しました。

私は「女性（女・嫁）はこうでなければならない！」という強い固定観念を持っていたことに改めて気づき、この「○○○でなければならない！」という考えを薄くしたり、取り去ることができれば、またきっと穏やかに過ごすことができるだろうと考えました。

その為のヒントを得ようと新興宗教に入信したり、スピリチュアルな本を読み漁ってみたりしました。それらの読んだ本の中には、魂の事が多く書いてあったりしましたが、いまひとつピンとこなかったのが正直なところです。

幽体離脱で「魂の存在確認」

いろいろな本を読み漁る中、私は「死後体験」という本を読んで、肉体から魂を離すということが、ヘミシンクという方法によって可能であることを知り、体験しに行ってみたんです。

元気いっぱいに育ってくれている子供達　感謝

なけなしの二十万円を支払って、幽体離脱を体験しに行って分かったのは、「魂は本当にある！」ってことでした。それ以外にも完全なデジャブを見せてもらったり、真夜中にメッセージをもらったり、最後には鉱物にまで意志があるという事を体験させてもらえました。

そうするとスピリチュアル系の本に書かれていることが、単なる他人の体験談でなく、自らの人生に置き換えることのできる疑似体験として、私の胎にストンと落ちてきました。

その為、家庭内でどれだけネグレクトされても、さほど苦にならなくなってしまったんです。

そうなると妻は、私に何しようがまったくもって暖簾に腕押し状態となり、ついには子供を連れて置手紙一枚を残して出て行ってしまいました。

出ていかれて、調停・裁判にまでなった時は、正直、空しい気持ちでいっぱいでしたが、今は恨む気持ちもまったくなく、逆に私の魂の成長の為に憎まれ役を買って出てくれてありがとう！　という気持ちで満たされ、心から感謝している次第です。

そこで私がお伝えしたいことは、いろいろなことに悩み苦しんだならば、一度、幽体離脱を体験してみることです、という事です。そうすることによって魂の存在を確信し、今、眼の前の悩みごとが、いかに小さなことだと気づき楽に生きることができます。

祈るということ

リーディングで父のメッセージを聞く

二〇一二（平成二十四）年にシンシア・ビショップ博士のリーディングを受けたのですが、その時のお話です。

まず、シンシア博士は、アメリカはバージニアビーチに在住のサイキックな方で、州警察やＦＢＩ？　などの捜査協力もされてみえる、そんな方なのですが、縁あって彼女が来日されたときに、私のリーディングを執っていただきました。

彼女ははじめに、私の今世に影響を与えている過去世を言い始めました。エジプトのお金持ちだったこと、アイルランドで羊をたくさん飼っていたこと、メキシコで女性のダンサーだったことなどなど、いろいろ詳しく教えてもらいました。

そしてこれからいろいろな現実的な質問（家族・仕事・健康・再婚など）をと思っていたそんな時、彼女が言い放ちました。

「昇一さん、今、ここにあなたのお父さんが来ていて、メッセージを伝えて欲しいと言ってきていますが、あなたに伝えてもいいですか？」

と問われて、私は「もちろんです」とＯＫをだしました。

ちなみに、二〇〇七年に亡くなった父ですが、生きていたときの私との関係は本当に悪くて、私が何を言おうが何をしようが、すべて否定に回るようなそんな父でしたので、反発しいつの頃からか、父とは話さなくなっていました。

今も耳に残るのは、「おまえ、何をエラそうに言っとる！」と、私の発言を常に一蹴する父の言葉です。そんな父が私の傍らに来ていて何かを伝えたいといっているのだから大いに興味がわき、シンシア博士のコメントに集中して耳を傾けました。

「そっちの世界に居たときは、分からないことが多く、小さな視点でしか物事を見れていなかった。今はこちらの世界に来て小さなことにこだわっていたことを、反省している。そして、今はあなたを誇りに思っているよ。」

すこし間をおき、彼女は続けました。

「昇一さん、あなたは毎日何かしていませんか？」

と問われました。そこで私は、

「そうですね、ほぼ毎日のように朝、大祓祝詞を唱えていますね。それから、〝亡くなった方には、良き転生を祈るといいよ！〟と北川八郎先生に教えていただいたので、そのことを実践し、亡き父親の良き転生のことも祈っていますね。」と答えると、

「それよ、それ！　そのことをお父さん、とっても喜んでいるわ！」

「こっちの世界へ来て、あなたのその祈りで救われているって。だからありがとう、感謝している、って言ってるわよ。それで、もしも可能だったら、もっと続けて欲しい、とも言ってるわ。」

「最後にお父さんは、昇一さんに〝ありがとう！　ありがとう！　ありがとう！〟って何度も何度も繰り返し言い続けていますよ！」

私は目を閉じてリーディングを受けていましたが、そのことを聞かされて胸が熱くなり、

最後には閉じていた眼から涙がこぼれ落ちました。

亡くなって五年、父とやっと分かり合えた、そんな気持ちにさせてもらえました。

北川先生に教えていただいた、益はなくとも祈りつづけるということの事柄は、人知れず自分自身で勝手に実践していたにすぎませんが、あちらの世界からは、ときとして、自分自身にしか解り得ない〝あかし〟を頂けるんだということを知りました。

これらのことで私は、祈りというものが時空を超えて必ず伝わることを体験し、現世にも来世にも良きことを祈ることが大切なんだと教えていただきました。

仕事が継続できることの幸せ　返謝を忘れず

変わりゆくオレがオレが！　の自分

子供の頃から離婚までの私は、一貫してオレがオレがと言うぃたって自己中心的な人間でした。

病気・倒産・離婚など、自分の力だけではどうにもならないことを体験しつつ、そんな私ですが、少しずつ自分の中に変化が出てきたと感じたのは、起業したての頃から経営しているコインランドリーのお店での取り組み方のことです。

お金も人も無いので、当然、終日無人で二十四時間営業。私が営業の外回りへ出掛ける前、朝一番で掃除を毎日していましたが、当初はたいていお店の中にゴミとか不要な洗濯物とかを放置され、

「誰だ、こんないらん物まで置いて行きやがって！　何でもっと綺麗にお店を使おうとしないんだ！　ふさけるな！」

と、いつもブツブツひとり文句を言いながら掃除をしていました。

でも、必死に守ろうとしていた家庭が手のひらからこぼれ去ったあと、北川先生と運命的に出逢わせていただき、先生から学ぶようになってからは、

「汚くなったお店は、わざわざお客さんがこの店を選んで足を運んでくださった足跡なんだ！」

と思えるように、こころの有り様が変わっていきました。

変わってからというもの、お客さんとランドリーのお店で出くわし、この客何か置いていかないだろうかと疑いの眼で接することが無くなり、お客さんを疑わず、気軽に笑顔で話が出来るようになっていきました。

結果、以前よりも少しずつですが、ゴミも減り売り上げが上がるようになりました。

北川先生の教え「饅頭屋の教訓」を実践

先生から教えていただいている中に、饅頭屋さんが繁盛すると直ぐに二店舗目を出そうとする話……がありますが、毎月約二十万円の返済がなんとか終わった八年目には、饅頭屋さんの話を実践しようと思い立ち、十周年記念の日から実施しました。

具体的には、餡のように十％の増量が洗濯では上手く出来ない（洗剤の量を十％増やしても汚れ落ちにはなんら影響しない）ので、一回約三十分で八〇〇〇円の大型洗濯機を、日頃のご愛顧に感謝の気持ちを込めて五〇〇〇円に値下げしました。

「返済が終了してこれから儲かるって時にバカじゃないの？」

と言われる方も見えたのですが、愚直に実施しました。

単価を三割も下げたのは、何とかお客様にワンコインで利用していただきたいという強い想いと、まあ返済が終わったし、地元のお客さんに喜んでもらえれば、売上が減っても

mammaciao
コインランドリー
羽毛布団・毛布
こたつ布団
ホットカーペットカバー
ペットマット・シーツ
ダウンジャケット

ワンコインランドリー

何とかなるだろう、という気楽な思いから実施しました。

実施して三〜四ヵ月は売上も対前年比より落ちていましたが、半年もたつと以前の売上と全く変わらない水準まで回復していきました。

単価が三割も減らしてあるので、利用者数が以前の約三割増しにもなったんです。こんな細やかなことでも北川先生の教えを実践していると〝あかし〟がもらえるんですね。

不動産の仕事が継続できるのは

不動産屋としては、六年前に看板を出した（資格を取って正式に開業）のですが、美容室さんや飲食店のように路面にお店を出すわけでもなく、マンションの二階の一室で仕事をしているので、飛び込みの方とかは全くいらっしゃいません。

そんな中でも不動産の仕事ができるのは、「紹介があるから」なんです。

オレがオレがの時代を通り過ぎたと自分では思っていても、感謝の気持ちをきちんとした形で返謝することって、現実にはなかなか難しいんです。

不動産の仲介をやっていると手数料とかが入ります。

しかし一度飲み込んでしまった手数料は、なかなか吐き戻せません。

世話になった方、情報を提供してくれた不動産業者でない方々など、のど元過ぎれば知

人生の師北川先生と　笑顔でパチリ

らん顔しがちなのがこの業界です。私としては間に入って下さった方々に、何とか還元しようと努めていました。結果そのような方々から再び情報がもたらされるようになっていくのです。当たり前の事ですが、そういった感じで、今、私の仕事は回っているんだとわかってきました。

お金も情報も回ったり、流れていると新鮮なものが入ってくるが、返謝をきちんとしておくと、それが笑顔とともにやってくるんですね。ただ、いつもどこかに謙虚さと畏怖の念を持ち合わせながらですが……。

このような零細企業である私の会社ですが、十二年もやっているとその方向性が正しければ必ず世間が味方し、少しずつでも広がりを見せる。逆に修正が必要であれば進む道がしぼんでいく、そんな形で示されると私は感じています。

現実的な私は、十二年前に起業して家族を養うためだけにいただいていた給料が、今ではその当時の三倍をいただけるようになりました。

「やっと出逢えた」という感覚

それから最後に前述のシンシアさんに、「世界№1コーチのアンソニー・ロビンズの講演」にビジネススキルアップのために参加するが、それはどうか？　と聞いてみました。

彼女はアンソニーの写真を見ながら、

「若い頃の彼は確かに大したものでした。でもやっぱりビッグネームになるにしたがってねぇ〜……。」

それから彼女は聞いてもいないのに、勝手に私と二人で写っている北川先生の写真を見て言いはじめました。

「私、この人大好き！　この方は過去世で、チベットでもう一人の方と今のように道を説いていた。あなたと亡くなられたお父さんは、その時の弟子ですね。だから今生も関係が結ばれた。私だったらアンソニーよりも、飾らず、深く、多くの事を知っている北川先生の教えを探求していきますよ！」

と言われました。

思い起こせば二〇〇七年に浜松市で初めて北川先生の講演を、三〇〇人ほどの会場で、かぶりつくように聞いていたときに、自分自身の内面に「これだ〜！　見つけた〜！」という感覚が間違いなくありました。

過去には新興宗教に入信して七十万円支払ったり、二十万円で幽体離脱を体験したりと、自分の物指しを作るためにいろいろ回り道しましたが、何一つとして無駄なことはなかったんだなぁと感じ、北川先生の講演後、

「見つけた！　やっと出逢えた！」

という、それはまさに自分にしか分かり得ない感覚・反応がありました。

だから今、この文字を目にされている方々にお伝えしたいのは、自分の内面から湧き上がってくる感覚に、知らんふりしたり押さえつけたりしないで、素直に、そして大切に扱ってみてください。そうすれば、必ずや、正しき方向に導かれていきますから……。

私はそれが「無敵の経営」への第一歩だと、確信しています。

北川先生からの誘いでサックスを始めた磯部社長

おかげさま・おかげさまの塊

医療法人　むすびの森　あきた病院
理事長　佐渡公一《さわたりこういち》

あきた病院に入職

平成二年四月二十日あきた病院に、部下ゼロ名ばかりの用度課長として入職しました。ケーシーを着せられ、看護師の送迎と医薬品など物品の手配が主な仕事でした。ある時、ケーシーを着て手提げ金庫を持っていたら、「あら～ここの先生は金庫をもっている」と。私は医療に関する資格は何一つ持っていません。車の運転免許証があるだけです。そんな私にケーシーを着せるとは？　どういうこと。当時の事務長にケーシーを着ないでいいですかと尋ねました。すると「いいよ」と。やった～。さっそく脱ぎました。

あきた病院の名称について説明します。秋田市にあるあきた病院ではありません。時々間違えられます。熊本市にあるあきた病院です。あきた病院の名称は町名に由来します。旧熊本県飽託郡飽田町会富一一二〇番地（現：熊本市南区会富町一一二〇番地）に昭和四十八年に産声を上げた、町内では唯一の病院です。読めないですよね。このように読みます。くまもとけんほうたくぐんあきたまちあいどみ一一二〇番地。

あきた斎場というのが近くにありますが、あきた病院とは無関係です。念のために。

創業者は吉村盛雄先生で故人となりました。医師としても一人の人間としても素晴らしい方でした。私の尊敬する恩人のひとりです。

外来の診療科目は、呼吸器内科、循環器内科、消化器内科、整形外科、リハビリテーション科、耳鼻咽喉科、皮膚科を標榜しています。

病棟は介護療養病棟一二〇床、医療療養病棟五一床、一般病棟三十床からなります。

在宅介護サービス部門として、ディサービス、グループホーム、訪問看護、訪問介護、福祉用具貸与事業、有償送迎、地域包括支援センターなどを運営しています。

余命さん三ヵ月の病院

入職してまもなく経理担当の職員から決算書を見て欲しいと依頼されました。決算書と言えば肌着のパンツみたいなもので、むやみに見せるものでも覗くものでもありません。いやだ〜と断りました。すると、理事長から「見てくれ」と言われました。理事長からの指示であれば断ることはできません。

三期分自宅に持ち帰り分析しました。驚きました。余命三ヵ月です。お金がないのです。で、周りの人はと言えば、タイタニック号に乗り、ワインを片手に雅な音楽を聞いている状態のようでした。

さらに驚きがありました。決算書に本物と偽物があったのです。私が分析したのは偽物でした。本物を分析すると偽物以上にひどい状態でした。

(運転免許しか持たないという佐渡さんですが、この頃は中小企業診断士の資格を持っており決算書を読むことができた)

どうしましょう？ ということで緊急理事会を開催してもらいました。

選択肢は ①売却 ②倒産 ③再建 の三つです。

と対策案を出したのですが、異様な雰囲気の中どうするか決論が出ません。何とも言えない雰囲気でした。そこで、創業者の吉村盛雄先生に尋ねました。どうして病院を開業したのですかと。

吉村盛雄先生はポツリポツリと話し始めました。

『高度成長の真っ盛り、至るところで木槌の音がしていた。それは都会の話。地方はまだ豊かではなかった。息子夫婦は昼間、外で働き、家に残されたのは年老いた親や祖父母だった。昼間に病死するものもいた。自分は医師。何とかしてあげたいとの熱い思いがこみ上げた。これが開業の動機だと。』

で、先生はどうしたいのですか？ と尋ねました。

すると、再建したと答えました。

問題は、誰が責任者として再建に向けて行動するかです。

なが〜い沈黙が続きました。結論はでません。

私は沈黙に耐えられず、言っちゃいました。「私がやります」と。この一言がその後の私の運命を大きく変えました。（佐渡さんは、あきた病院に入職する前、従事していた医療関係の会社で倒産の現場を見ていた。その悲惨な体験を職員にさせてはならない……との一点が佐渡さんの心を動かした）

金融機関に支払いの延期と逓増方式の返済を求めたが……

再建するとはいうものの、お金がありません。人もいません。死んだふりしている人、しかも、患部（幹部）職員はいました。職員には一切説明をしないことに決めました。なぜなら、こんな危ない病院にはいられないといって退職者が続出したら、再建は不可能です。病院というところは国家資格者の集団です。去られたら二度と求人は行き詰まります。

職員には経営危機が分からないようにしながら、まずは金融機関には正直にすべてのことを包み隠さずに実態を説明することにしました。

すると、「正直に言ったら融資してもらえない」と言う声が上がりました。

おいおいおい。ちょっと待ってください。お金がないから倒産なのに借りて返せるわけがないでしょ。〝借りないことです。お金が無い時にはない〟ということ。これが原則だと思います。

金融機関に「借金の返済ができません」と言うと、嘘でしょう〜と信じてもらえませんでした。それくらい金融機関にも経営実態は理解されていませんでした。

でも、本当なんです。その状況の中で、私がやります、と言ったものの……さ〜て、どうしようか？

コンサルタント会社に相談しました。すると、「再建は無理です。佐渡さん、就職先を紹介します。」と言うではありませんか。無理と言われても、「はい、そうですか」と引き下がるわけにはいきません。かといって、名案が浮かぶわけでもありません。

まずは、金融機関に支払いの延期と逓増方式の返済に契約を見直してくれるよう頼みました。しかし相手さまの事情もあり願いは叶いませんでした。そうこうしているうちに時間だけは過ぎ去ります。このままだと倒産を避けられません。もしものことを考えて、裁判所への破産申し立ての日程や行政への廃院届け出などいくつかのシミュレーションをしました。

金融機関も経営危機は本当だと思ったんでしょう。二億円の緊急融資をしていただけることになりました。私として不本意でした。お金がないのにさらに借り入れたらますます苦しくなるからです。でも、他に選択肢がなく融資を受けることにしました。（佐渡さんは、奥さんには内緒で病院の再建に取り組みました。二億円の個人保証ももちろん内緒です。最終的には既存の借入金全額の連帯保証人となりました）

資金流失を止めるために実施した三つの対策

融資によって当面の危機は回避できます。その間に、お金の流失を止めなければなりません。そこで、考えたのが次の三つです。

①ただ・もらう・ひろう、の精神で物品の新規購入は控えました。イスやテーブルや備品を廃棄処分すると聞けば、軽トラを運転してもらいにいきました。その時の、Y厚生年金会館から貰い受けた結婚式用のイスを、今でも外来待合室に三脚と理事長室に一脚置いてあります。貧しかった時のことを忘れないために置いているのです。

こんなこともありました。看護部からステンレス製の洗面器の購入依頼がありましたが、医療用は値段が高いので、ホームセンターで似たようなものを買ってきました。すると、何考えているのとお叱りを受けました。お金がないとは言えませんでした。

また、トイレの便器が汚れており買い換えて欲しいと依頼がありましたが、お金がありません。そこで、私は素手で紙やすりを使って、こびりついた便をそぎ落とし磨き上げ、再利用しました。「うん」がついてきたのはこのせいかもしれません（笑）。
②お取引先には支払いサイトを短くしました。当時、お取引先への支払いサイトは一八〇日でした。
こんなに長い支払いサイトではいい関係はつくれないと思い、支払いサイトを可能な限り短縮しました。今は月末締めの一〇日払いにしています。

こんな思い出もあります。

オムツ会社から値上げの要請がありましたが、お金がないのでしばらく据え置きをお願いしました。必ずゆとりができたらこちらから値上げするよう連絡しますと伝えて了解を得ました。約束は果たしました。

こんな具合でお取引先は、あきた病院の大切なパートナーです。値段でパートナー会社を変更することはありません。
③資金の社外流失を止めました。病院の運営に絶対必要な資金以外は社外に流失しないようにしました。病院以外の方との交渉や創業者の意向など関係者との交渉に悪戦苦闘し

ました。

開業動機、理念を文章化　重要なのは実践

一息ついて考えた。なぜ、経営危機に陥ったのかと……。

何のために経営をするのか？　そうです。理念が伝わっていなかったのです。

吉村盛雄先生の開業動機が職員に伝わっていませんでした。開業動機こそ、理念だと思いましたので、その思いを文章化しました。

　困っている人を助けたい。

　見て見ぬふりはできない。

　お金はあとからついてくる。

　患者のために身を惜しむな。

吉村盛雄先生が大切にしていた価値観でした。これをひと言で言えば「ありがとう」と言われることです。あきた病院の理念の原点はここにあります。

体裁を整えてあきた病院の理念、行動指針、働く仲間への約束として明文化しました。

詳細はホームページ（UR：http://www.akita-hosupital.or.jp）をご覧いただけたら嬉しい

戦友と言えるパートナー（右端が佐渡公一理事長）

です。

理念と言えばこんなことがありました。

職員に「理念って知っている」と尋ねたら、「はい」と言います。「凄いね」と言いました。ところが「理念」じゃなくて、「リネン」のことだったんです。寝間着やシーツのことです。笑いました。嘘のような本当の話です。

また、ごくごく一部の職員からは、宗教みたいと反発されました。何のためになんて考えなくても、有資格者は資格だけでご飯が食べられましたからね。

今は資格だけでは食べていけません。人間性がなければ採用されません。

理念は道路にあるセンターラインみたいなものだと思います。舵取りを誤らないための目印です。晴れの日も雨の日も見なければならないものです。経営が順調な時もそうでない時も理念に照らし合わせて経営の舵取をしなければなりません。羅針盤であり北極星です。唱和するものでも、額に入れて飾るものでもありません。追求し実践するものです。

再建に向けて立てた三本の柱

再建に向けてこれだけは目指そうと決めたことが三つあります。

①職員をリストラしない。

どんなことがあろうと、真面目に一所懸命に働いている職員を解雇することはしないと決めました。現に、今まで一度も解雇したことはありません。

②金融機関とは対等なお付き合いをしよう。

経営が不安定で信用度が低いとどうしても立場が弱くなり、借入金利も割高になります。貸してくれるだけでありがたいと、相手主導で事が進められます。そこで、健全経営を行いながら、金融機関とは対等なパートナーとしてのお付き合いをしようと思いました。今は、私たちの大切なパートナーとしてのお付き合いをさせていただいています。ありがたいことです。

③納税しよう。
納税をするには黒字経営であり、資金繰りもうまくいかなければなりません。納税しない企業は社会貢献ゼロだと思います。税金を納めないために無駄な経費を使うことはしません。

以上三本の柱はいまでも守り続けています。

北川八郎先生との出会い

今から十数年前になりますか。あるセミナーの講師が株式会社能率開発センターの田中典生先生でした。食事をとりながら受講生全員で株式会社ブロックスの「ＤＯ　ＩＴ」という一本のビデオを見ました。株式会社バグジーのビデオでした。衝撃でした。凄い経営者と社員。「美容院《びよういん》」と「病院《びょういん》」発音はほぼ同じです。だが、現実は北極と南極。対極にありました。何もできていない自分が情けなくなりました。職員に対する愛情が足りないことに気づきました。

これは会わなきゃ。さっそく、株式会社ブロックスの西川社長に久保社長と面談できる段取りをお願いしました。小倉まで会いに行きました。そこで、久保社長の師匠である北川八郎先生の名前を知りました。

熊本阿蘇南小国満願寺まで尋ねて行きました。

震度〇・一で倒壊しそうな古民家（廃屋?）に北川先生はいました。第一印象は、これはヤバイ。怪しげな人。ヤギのようでなんだかね〜 これが正直な印象でした。ですが、不思議と話を伺っていると、う〜んとうなりました。腑に落ちる言葉が心地よく耳に入ってきたのです。これが北川先生との関係の始まりです。

自称弟子ですが、一番出来の悪い弟子だと思います。メモはほとんどとりません。録音もしません。肚に落ちてきた言葉をかみ砕き、仕事で実践しました。

北川先生の教えは真理なんです。力まず、淡々とひとりごとのようにつぶやく言葉は言霊です。

この本を手にしたあなたへ。

是非、北川先生を訪ねてあなたと北川先生との二人だけのライブを体験してください。

私たちの寿命という時間の長さはどうすることもできません。ですが時間の質は私たち次第で深められます。透明感のある時間がつくれます。

あなたと、あなたの周りの人がこころ豊かになれます。

無借金経営になれた

倒産の危機から二十四年。いつの間にか二桁の億単位の借金がなくなったのです。正確には国からの借金が約四億円程度残っていますが、あえて、借金しています。気が緩むのが怖いからです。

長い間、支援して頂いた金融機関には昨年一括返済しました。借金の申し込みをすると き随分と支店長さんに頭を下げましたが、返済する時も頭を下げるとは思いませんでした。一括返済しなくてもいいというのです。不思議ですね。返してもらったら助かるのに……。

今はいろんな金融機関から「お取引を」とお誘いがありますが、私が経営者でいる限りは助けていただいた金融機関との関係を大事にしていきます。恩人ですから。長い間培ってきた信頼関係は、金利以上の価値がありますから。

ご縁に導かれて

思えば、たくさんの方がたの導きによってここまでこられました。

大恩人の吉村盛雄先生との出会い。

再建に取り組む中で出会えた、
田中典生先生、北川八郎先生、人と経営研究所の大久保寛司先生、川越胃腸病院の理事長・院長の望月智行先生・多摩大学大学院教授で田坂塾塾長の田坂広志先生。そして、楽心会満月の会のメンバー。

人として、経営者として、大事な生き方やあり方を教えていただいています。

北川先生はおっしゃいました。「佐渡さん出会いは求めたらダメ」。

そうです。自分がどんな生き方をするかで出会いは起きると思います。求めるものではなく、起きるのです。だから、どんな生き方をするかが大事なことなんですね。

どんな師匠や友と出会うかは、その人の生き方次第ですね。

多くの方々から大切なことを教えていただきました。私のアイディアは何一つありません。全部真似ながら、あきた病院に合うようにヒトヒネリしただけです。

職員が輝いて見える

私は医療に従事する資格は何一つ持ちません。

未来のつぼみ

素人です。現場に立てない人間です。

入職したある日のことです。病院内をランドしている時、オムツ交換の現場に出合いました。衝撃でした。他人のしかも大人のオムツ交換。よくこんなことするなあ～と、内心小ばかにしていました。その日、食堂に行って見ると、メニューは「カレーライス」でした。変な想像をしました。食べることができませんでしたが、職員は食べているのです。この人たちの神経はどうなっているのかと思いました。

ですが、よ～く職員の仕事を見ていると、実に優しいのです。喋らない患者さんに一所懸命に声掛けをして看護・介護する姿に頭が下がりました。想像してください。仕事とはいえ、患者の入れ歯を素手で洗い、オムツを交換し、入浴介助をする姿を。分け隔てなく患者に接する職員は凄いと思います。職員が自信と誇りをもてる職場にしなければと強く感じました。職員が輝いて見えます。

あきた病院が好き。ここで働けて良かった。そう思ってもらえる職場環境をつくるのが私の仕事です。職員の笑顔が見たい。それが私の幸せです。

株式会社ブロックの実践学習会で素晴らしい企業や組織を見てしまいました。見ちゃったんです。だから、背中を見ながら追いかければ素晴らしい企業や組織に近づけると信じています。

今は、素晴らしい企業や組織は北朝鮮みたいに、近くて遠いのですが、必ず追いつく日が来るとお・も・い・ま・す。

職員が私を育ててくれた

倒産の危機以来、三年前まで詳しいことはひと言も喋りませんでした。本来なら墓場に持って行こうと決めていたことですが、ある出来事があり職員にダイジェストを伝えました。もちろん関係者の同意を得たうえですが。詳しい事情も伝えないまま、就業規則の改定、賃金体系の見直し、連日連夜にわたる理念に関する学習会の強行等々。随分と無理難題を言ってきました。かなりの抵抗もありました。無理ないですよね。何のために、なぜならば、と背景事情を一切説明しないまま施策を断行したのですから。

辛抱してくれた職員がこんな私を支え、理事長にしてくれています。

病院長の水谷純一先生
副院長の三角憲二先生
看護部長兼副院長の舛田繁子さん
整形外科医の大宮伸二先生
消化器外科の鶴﨑成幸先生
耳鼻咽喉科の楠元聡太先
呼吸器内科の山縣春彦先生
循環器内科医の小島 佳先生
副看護部長の井手眞友巳さん
看護課長の林田春美さん
看護課長の宮崎淳子さん
看護課長の弓削美保さん

優しく厳しいパートナー

看護課長の洲﨑純子さん
臨床検査科長の西山明美さん
地域連携室長の芝田範雄さん
医事統計課長の兼田裕明さん
総務課長の渕田好一さん
栄養科長の荒木弥生さん
総務課の柳原信子さん

そのほかたくさんのリーダーが私を支え育ててくれました。素敵な職員に助けられ、経営者の道を歩かせてもらっています。恩返しをしなければなりません。

職員の人生の場を確保するだけではなく、あきた病院で仕事が出来て幸せと感じてもらえる職場にするという約束手形を発行しており、決して不履行はできません。

患者の立場、医療従事者の立場の双方に私は立てます。

一所懸命に患者や利用者に真摯に向き合いながら仕事をする職員の気持ちを、患者や家族に伝えていかなければなりません。

また、患者や利用者の思いを医療従事者に伝えていかなければなりません。

医療従事者の資格がない私にしかできないことです。

大所帯をリードす

北川先生から頂いた三つの言葉

経営者として大切な事を半紙に書いていただいたものが理事長室の机の横に掲示しています。

①謙虚にして常におごりに気をつけること。

トップやリーダーには耳に心地よいことしかはいらなくなる危険性があります。謙虚なふりをして傲慢になりかねません。トップがおごり高ぶったら有能な心ある人は黙って去って行き、組織は崩壊します。頭をコンコンと叩いてくれる師匠をもたなければならないのはそのためです。

②嘘とごまかしを出来る限りなき生き方を目指すこと。

北川先生が特に私のために「出来るだけ」と付け足しました。これなら、私にもできそうです。出来る限りがポイントです。

③人も経営も信こそこの世を渡る貨幣であると知ってそれをなせ。

信は天の銀行への預金であり、元本割れしないどころか、複利複利で利息が増えていくと思います。

経営をしているとお金が凄く魅力的で魔物です。お金で苦労しましたのでお金の凄さも知っています。と同時に、お金では人の心はつなげないことも身近で見てきました。お金はしょせん道具です。道具はあれば便利ですが、いったい道具を集めて何をつくるのかです。

人が喜び笑顔になれる仕事のための道具です。

利より信を大切に、相手のために時間を使って行けば、必ず、人さまが背中をおしてくれます。何度も私は体験しました。スタップ細胞じゃありませんが（笑）。

振り返れば

いろんなことがありました。これからもいろんなことがあると思います。

今の私があるのは、あきた病院が倒産の危機にあったからです。

医療に関して無資格者が病院経営を担うことは、巨大な壁に素手で登るような感じでした。何度となく、弾き飛ばされました。

クチ三味線だけで皆に踊ってもらわなければなりません。どうやったら働いてくれるのか？　どうしたら話を聞いてくれるのか？

職員を相手に悪戦苦闘の連続で、胃潰瘍にもなり、睡眠薬のお世話にもなりました。

何度も逃げたくなりました。何度も辞めようかと思いました。

そのような私がここまで来られたのは、職員の誠実な仕事ぶりを見たからです。医療の世界に身を置く人は基本的に、利他のこころ・思いやり・優しさなどを人一倍持ち合わせています。

再建の責任者に手を挙げた時も、連帯保証人に捺印した時も、これといって立派な使命感があったわけでもありません。お恥ずかしいですが。

再建に取り組んでいる中で少しずつ職員から私の心は磨かれました。職員が砥石になって私を少しはましな人間に育ててくれました。

できれば逃げたい出来事、避けたい出来事が、今の自分を強くしてくれたと実感しています。

これからの私に与えられた仕事は、職員と地域住民のために、あきた病院が地域の財産となるようさらに磨きをかけて次世代にバトンを渡すことです。

人間は弱いようで強く、強いようで弱いものです。ですから、志を同じくし、共に学びあえる仲間が必要です。切磋琢磨しながら、たくさんの人のお役にたてる人間に成長していけると思います。

東京神田の駅近くで飲んで帰る道すがら、高木書房の斎藤信二社長から、「佐渡さん共著に参加しませんか」と誘われました。お酒の勢いもあり、「はい」と返事をしました。少しでも皆様のお役に立てるなら嬉しいです。

何とか書き終えました。

最後に自分とは何者か？

両親のおかげ
家族のおかげ
職員のおかげ
患者さんのおかげ
パートナー会社のおかげ
地域住民のおかげ
導いてくださる先生のおかげ
メンターのおかげ
おかげさま・おかげさまの塊です。
ありがとうございます。

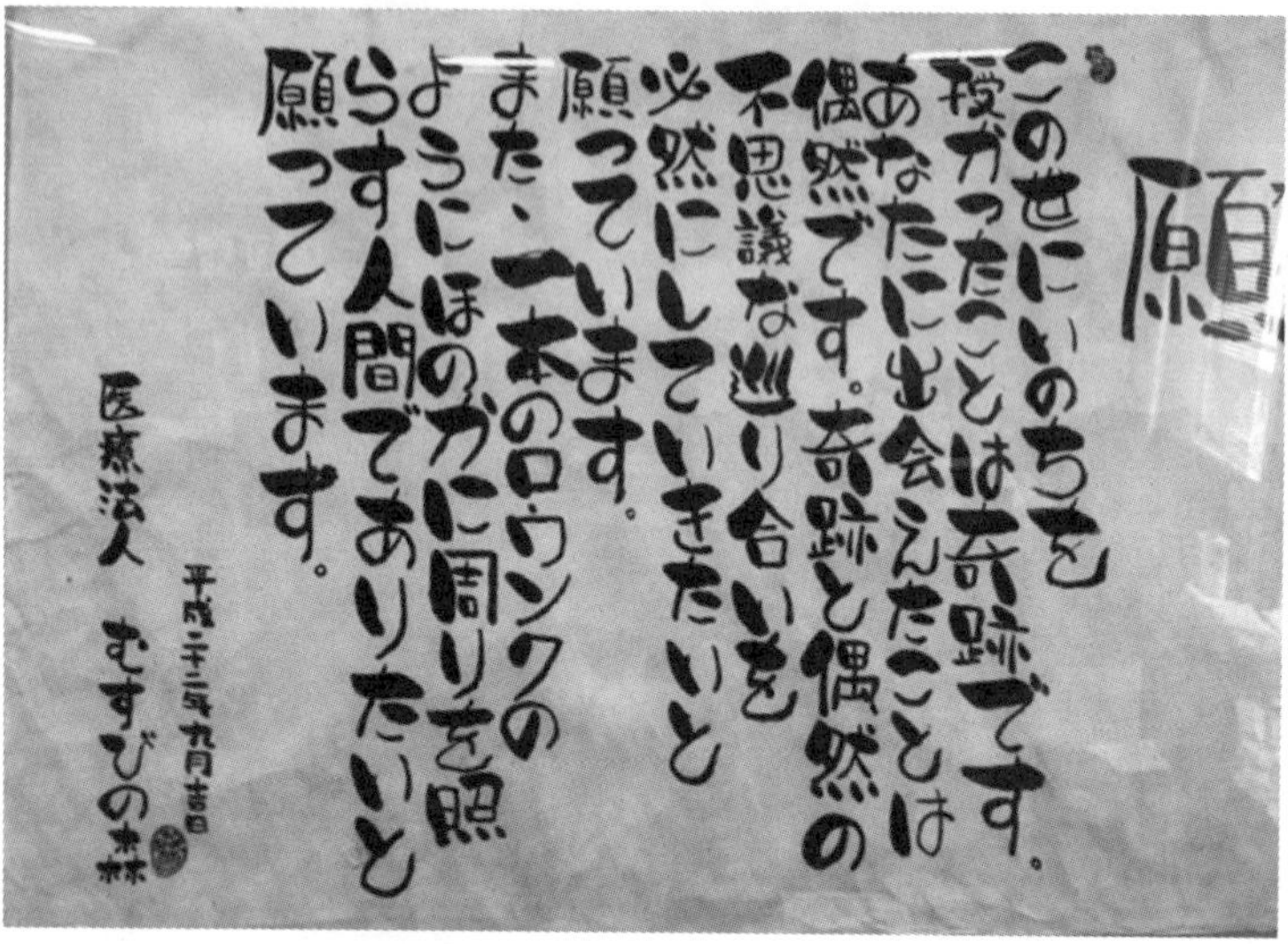

佐渡理事長が自ら心に誓う「願」（理事長室）

あきた病院

UR：http://www.akita-hosupital.or.jp

Mail:mame@mopera.net

佐渡理事長の原稿に補足

（編集担当　斎藤信二）

平成二十六年四月二十八日、長野県伊那市で「北川八郎先生講演会＋清水慎一トークセッション」が開催された。主催はＮＰＯ法人「ドリーム　ケーキ　プロジェクト」。清水慎一社長から「講演の翌日、北川先生を伊那食品さんにお連れしようと思っていますが、斎藤さんはどうされますか」という電話を頂いた。

一も二もなく「ぜひご一緒させて下さい」とお願いした。

というのは、四月十六日、あきた病院を訪ねて、佐渡理事長から伊那食品さんのことを聞いていたからである。

佐渡理事長は言います。

「伊那食品さんに行って私は落ち込んだんです。わかりますよ。塚越会長がいかに社員さんを大切にしているかが。自分なんか、まるでできていない。だから落ち込むんです」

もちろん佐渡理事長は落ち込むだけでは終わらない。現場で即実践、「仕事ですから厳しいところはありますが、理事長は私達のことを本気で考えてくれています」とスタッフは話す。

そこまでスタッフのことを考えて仕事をしている佐渡理事長、そしてそう思わせてしまう塚越会長と社員さんたち。ぜひとも伊那食品さんに行ってみたいと思っていた。

それが二週間も経たないうちに実現した。

では何で、佐渡理事長はそこまでスタッフを大切にしようと思うのか。

その一つは本文にもあるように、倒産の悲劇を知っているから。

もう一つ、いやもう二つ、心の奥にあるものがあった。

佐渡理事長は最初のお子さんを死産している。命が宿ったときの喜び、なんと幸せなことか。それを失ってしまったのだ。男の子だった。そのギャップの中で、人を大切にする意味を知った。

その後、女の子が生まれた。六歳の時に交通事故に遭った。命はとりとめたが身体は前のようには戻らなかった。佐渡理事長は娘さんに聞いた。

「事故を起こした人を許すの？」

「許す」

「どうして」

「だって、命まで奪わなかったもの」

……

佐渡理事長の生き方の原点の一端を伺い知ることができると思い追加しました。

旅の途中で……

有限会社 国分寺産業　常務取締役 田村友輝

小学校の頃、父親が通勤に使っていた原付バイクを、目を盗んでよく一人で乗っていた時期があります。

隣の町内までとかでしたが、子供ながらにしてちょっとした旅行気分でした。

今まで隣町まで行くのに、歩くか自転車を使っていたのですが、初めてバイクに乗った時は、その行動範囲の広がる解放感、今までに味わったことのないスピード感と周りに見える景色、そして何より心の解放感が得られていた記憶が今でも鮮明に残っています。

僕が生まれ育ったのは、栃木県の国分寺町（現の下野市）人口約一万七千人の小さな町。駅前の道路は舗装され整備されていましたが、そこから十五分ぐらい離れたところは、まだ砂利道と土混じりの道路が多く、しかし緑溢れる田園が広がり、その中で僕は育ちました。

じいちゃん、ばあちゃん、父、母、姉、兄……そして僕を入れた七人家族とジョンという一匹の犬が暮らす、一見どこにでもありそうな家族です。

常に夫婦喧嘩　母親の泣く姿は見たくない

現在の会社の創業は、じいちゃんで、農家をやっていたのですが、汚水処理の事業を一人で立ち上げました。農家もやりながら事業をゼロから立ち上げ、僕が小学生のころには軌道に乗り農家もほとんどやらなくなり、自分の家と親戚の家が食べられるだけ田んぼと畑をやっていました。

じいちゃんもばあちゃんも本当に良く働く人でした。幼少のころからじいちゃんばあちゃんに育てられた僕は、じいちゃんとばあちゃんはいつ寝てるんだろう？　っていつも思っていました。

僕の性格の根幹はこの二人にほぼ育てられた幼少期が土台になっています。

うちの両親は僕が幼いころは寿司屋を営んでおり、朝から晩まで働いていて、両親の匂いは酢飯の匂いで今でも酢飯の匂いを嗅ぐと、当時のころを思い出します。寿司職人だった父親は、じいちゃんの会社の後継、養子として田村家に入りました。

時期はバルブの全盛期でしたので、父親も頑張って会社を伸ばしたということになるはずでしたが、現実はそうはなりませんでした。

いま僕も父親になって考えてみると、おそらく父親は家に居場所がなかったのではないか、もしくは自分を認めてもらえる環境がなかったのではないか。また自分でそういう環境を作れなかったのではないか。

その寂しさが、ギャンブルとか女性とか、家族や近い人から得られないものを取りに行っていたのではないかと思うのです。しかし、そんなことは子供の頃の僕にはわかりません。

父親に対する僕のイメージは、暴力とギャンブルしかありません。いわゆる飲む、打つ、買う、の人です。金が無くなれば借金をする。家を出て行っては帰ってきて、また出て行っては帰ってきてという寅さんみたいな父親でした。

やさしい面もありましたけど、そういう父親でしたから、じいちゃんばあちゃんが一緒に暮らすことは許さないと、実家から追い出します。僕が小学校の時でしたが、家族五人は近くのアパートに引っ越しました。

でも、じいちゃんばあちゃんにしたら、僕ら孫達（姉、兄、僕）は可愛いので、アパート代を出して住まわせるわけです。結構しょぼいというか、トタン屋根のぼっとん便所、二部屋とキッチンがあるだけのアパートでした。

それでも父親は何も変わりません。僕は小さい頃から二段ベッドで兄と寝ていたのですが――姉もいますけど――そこに父親が毎日のように酔っ払って帰ってくるわけです。どーんと大きな音をたて、靴も脱がずに入ってくるんです。その足音だけで、今日は結構飲んでいるなとか、今日は結構荒れているなとかがわかるんです。それぐらい敏感な子供になっていました。そして母親と喧嘩になるわけです。

「やめて～！　もういいかげんにして！」

この時の質感、空気感を今でも憶えています。

親の喧嘩など見たくはありません。だから兄は小さいながら（小学生）喧嘩を止めに入るんです。しかし「うるせえ」とか言われてやられてしまう。僕は泣くことでしか表現できなかったので、二段ベットの下で毛布に包まって泣いていると僕もやられてしまう。

そういう繰り返しの毎日でしたから、学校から帰ってくると――玄関を開けると、そこが台所なんですが――母親がそこで泣いているわけです。その母親の姿は見たくない。だから、とにかく家に帰りたくなくなるんです。

友達のお母さんが僕にもハグしてくれた

家に帰りたくないので、近い家とかに遊びに行くようになりました。その中で僕の家とは対象的な、ものすごいお金持ちの友達の家があったんです。

テレビドラマに出てきそうな一軒家で、お母さんがヒラヒラしたレースのエプロンをしていて、お父さんは会社の結構偉い人みたいで、子供達もすごく聡明でしたね。

その家にレゴというブロックのおもちゃがあったんです。僕はそれが欲しくて欲しくて……でもうちは貧乏だったから買ってもらえなかった。

その家に行くと毎日ケーキと紅茶を出してくれるんです。まず僕の家ではあり得ないことです。それだけでも嬉しいことでしたが、嬉しいことはそれだけではなかったのです。そのお母さんは子供が帰ってくると、毎日ハグするんです。「お帰り」と言いながら「今日は学校大変だったね。どうだった」と言って必ずハグするんです。

それを僕にも同じようにしてくれるんです。

それが嬉しくて、嬉しくて……もう言葉に表現できないくらい嬉しいんです。

周りの友達には「あいつの家に行くと紅茶が出るしケーキも出てくし……」というふう

に言っていましたけど、僕はケーキや紅茶じゃなくて、お母さんの愛情をたぶんもらいに行ってたんですね。

でも小学校四年生ぐらいの時に、その友達の家が引っ越してしまったんです。すごく僕は悲しくて、もうどうしていいかわからない。

寂しさを紛らわそうとしたと思うのですが、感情的になって近くにあった麦畑に、わーっと叫びながら棒を振り回して走ったんです。

気がついたら、なんとそこは有刺鉄線がいっぱいあった所だったんです。その時の傷は今でも残っているんです。それを見ると今でもその時の寂しい思いと、友達の家を思い出します。

兄や仲間が僕を大事にしてくれた

寂しさの中で自分の拠りどころがない。家に帰っても母親はいつも泣いている。父親はギャンブルをやって借金を作ってくる。僕の家で家族が集まる時は、楽しいはずの夕飯ではなくて、借金をどうしようかということを話し合う作戦会議なんです。

それが僕はすごく嫌でした。

ある時僕の部屋に千円札があったんです。お姉ちゃんのお金なんですけど、僕はそれを取って駄菓子屋さんに行って買い物をしたんです。帰ってきたら父親が「姉ちゃんのお金がなくなった。家に泥棒がいる」と滅茶苦茶怒っていたんです。

正直に「俺はやった」とは言えなかった。僕なりにすぐばれそうなうそをついてごまかしていたんです。

父親は僕の仕業だとわかっていたと思うんです。近所の友達に電話して聞くわけです。友達は正直に「僕が何を買った」とか「普段何も使わない僕が今日は駄菓子をやたら買っていた」とか「羽振りよくみんなに奢っていた」と答えるわけです。

それでばれて、父親にすごく殴られたわけなんですが、その時に「俺がやっていることも悪かったけど、あんたがやっていることのほうがよっぽど悪いんじゃないか」と思ったんです。それで父親とは、口も聞きたくなくなってしまったんです。

小学校高学年になってくると僕もちょっとずつ悪くなってくるし、反抗期にもなっていますす。どんどん家に帰りたくなくなってきて、野球をやっていたんですけど、少しずつ社会から離脱して行ったんです。

そんな中でも兄は、僕の父親代わりなってくれていました。

小さいころから兄が一緒になって借金取りから逃げたり、父親の暴力から逃げたりしていたので、兄は僕の大きな支えになっていたんです。会社でいろいろ心配事があって相談すると、兄が「大丈夫だよ、何とかなる」と言ってくれると、今でもすごく安心します。

その兄もぐれて親父たちとは住まずにじいちゃんばあちゃんと住むようになっていました。親がいないからやりたい放題、実家は友達のたまり場になっていましたね。

この人たちがバイクに乗っては本当に悪さばっかりしているんですけど、実はこの人達にも僕はすごく救われていました。うちの家庭環境も全部わかっていて、受け止めてくれたんです。

小学生の僕を、家に一人でいたら寂しいからと夜バイクに乗せてくれたり、ボーリングに連れていったりしてくれるんです。

中学、高校の時には、暴走族の集会に連れていってくれたり、カラオケに連れていってくれたり、飲み屋に連れていってくれたり、スナックやキャバクラに連れていってくれたりしました。

中学生のころには、僕は同級生と遊んでも全然楽しくなかった。先輩たちと遊んでいたほうが楽しかった。その人達のおかげでだいぶ寂しい思いをしなかったんですね。いつも気にかけて誘ってくれました。

弟が自分の友達と遊んでいたら、ちょっとうっとうしいと思うはずなのに、兄は快く小学生の時も中学生になっても仲間の所に連れていってくれました。すごくそれは感謝しています。

今でもその人達に会うとお礼を言うのですが、本人達は覚えてないようですが（笑）

極道の道から離れ悪業の締めくくり

世間的に言うと僕は、相当道を踏みはずしましたけど、心のどこかで極道の本職にならなかった理由は、そういう人達（兄やその友達、仲間）から受けた愛情などがあったからだと思っています。

高校生になって、翌月から学校に行かなくて毎日パチンコに行ったり、薬の売人をやったりしていたんです。やくざの事務所に電話番で行ったりもしていました。

その時に確実に俺には向いてないなと思った出来事がありました。僕の父親くらいの年代の人が血だらけでその事務所に入ってきたんです。何かなと思っていたら先輩が「田村、これで締めておけ」と言うんです。一キロくらいあるガラスの灰皿を渡されて。

喧嘩も結構しましたけど、見ず知らずの自分の父親と同じくらいの人を俺はたぶん殴れないなと思って「できません。自分は無理です」と言ったら、あの世界は縦社会で上の命令は絶対です。それを断ったのですから、僕が代わりにぼこぼこにされて――今でも傷が残っていますが――その時に俺は、やくざは向いてないなと思いました。

正直、根性がない、情けないなと思いましたが、そのあと足を洗いました。十八歳くらいでしたね。

その前に僕は父親を殺そうと思ったことがあるんです。僕が十七歳の時に父親が母親と一緒に自殺すると言うのです。僕からすれば「死にたかったら一人で死ね」という感じですよね。

母親からすると何度も許して、また許してという旦那です。

しかし僕からすれば、そんな勝手な話はないと、ぶちっと切れてしまったんです。包丁を持ってバイクに乗って父親の住むアパートに行ったんです。鍵がかかっていたので、ドアノブをがんがん壊していたら警察に通報されて取り押さえられたんです。それぐらい父親は憎かったです。

もしドアが開いていれば、間違いなく殺していたでしょうね。

その父親は今も健在だと思うのですが、兄の長女が生まれてすぐに、僕が二十七歳の時に家を出たままです。一〇〇円ショップで売っているような領収書の後ろに、競馬で使う赤いペンで「お母さん頼む」「何々会社から借金の電話があるからよろしくな」と書いてありました。それっきりです。

僕を変えた「この会社で一生懸命頑張りたい」の言葉

極道の道から外れ僕が会社に入ったのが十八歳の時です。社員は僕一人とアルバイトのおじさんが一人でした。その人とコツコツ仕事をやってきた一年後にタケムラという男が入ってきました。仕事は地道にやっていたので、一人が二人になり、二人が三人になり、僕が二十七歳の時に社員が六人ぐらいになっていました。

そんな時、タケムラが結婚するという話が耳に入りました。めでたい話です。しかし僕のほうから「おめでとう」と言えなかったんです。僕は自分自身にも会社にも自信がなかったので、タケムラは、たぶんうちの会社を辞めるんだろうなと思っていました。もっといい会社、もっと待遇がいい会社、もと給料のいい会社に行くだろうと思っていて中々声をかけられず、目も合わせず、逃げていました。

それをタケムラのほうからちょっと話があると言われて、どきっとしたんです。ついに辞められちゃうと。

そうしたら「実は子供ができた。もう一人じゃない。これからこの会社で一生懸命頑張っていくから今後ともよろしく」という話だったんです。

もう僕は、ばちで頭を思いっきり〝ばーん〟と叩かれた感じがしたんです。会社がうまくいかないことも、（そのころ恋愛していたんですけど）恋愛してもうまくいかないことも、全部父親のせいにしていた。

しかも飲みに行くにしてもパチンコをするにしても、父親と同じようなことをしようとしていた自分、まだまだフラフラしている自分、自分のことしか考えてない自分、保身ばかりを考える自分、本当に情けなくなったんです。

彼は結婚もして、家族を守るために仕事も一生懸命にするとして、会社に残ってくれると決断してくれたのです。この出来事が僕の生まれ変わりになりました。だから彼にそのあと謝ったんです。僕は変わるからと。

でも変わるといっても何をしていいかわからない。思いついたのは、うまくいっている人に会いに行こうということでした。

そしてある経営者に聞いたんです。「経営に必要な学問は何ですか」と。

すると「お前、本を読んでいるか」と言われたんです。「いや、あまり読んでいません……」と答えましたが、それまで読んでいのはジャンプとマガジンです。

「では、本を読みなさい」と言われてその気になったのですが、読もうとしも読めないんです。すぐに眠くなるのもそうですが、なにより漢字が読めなかったのです。

小学校二年生のドリルから勉強を始める

漢字が読めない、どうするか。当時お付き合いしていた彼女（今の女房）と話をして、経営を勉強する前にもう一回、国語の勉強をすることにしたのです。

早速、近くの本屋に行って中一くらいならできるだろうと思って、中一のドリルを買いました。そうしたら、まるでわからない。書いてあることがわからない。

これではダメだと思ってずっと遡っていったんです。なんと僕の力は小学校二年生程度だったのです。でもそこが自分の現在地ということがわかって、その彼女と、今の女房ですけれども、毎日毎日ドリルをやりました。

それが経営にどうつながるかわからないですけど、とりあえずやってみたら一個ずつできるのがすごい楽しかったんですね。勉強をほとんどしたことがなかった自分が、初めて自分から勉強しようと思ったんです。

それがすごく楽しくて、勉強を続けることができました。

やっと漢字が少し読めるようになった程度では、自分が興味ない本は読めません。それで興味のある本にしようといって、タケシ軍団がすごく好きだったので、ビートたけしさんの本だったら読めそうと思って買ってきたら、書いてあるのは結構難しいんですね。人生論みたいなもので、僕にはまだ早すぎました。

それで水道橋博士という芸人が、結構本を出している。この人の本だったら読めるなと思って読んでみたら、一気に読んで初めて一冊読破したんです。それで本っておもしろいなと思って、その人の本を全部読んで、そのあと自分が興味ある人の本をどんどん読むようになり、経営の本も真剣に読むようになりました。

読んで感動すると、その経営者の話が聞きたくなります。それでその人の講演会があると行くんです。こういう場合、同業の方より他業種の方が僕には勉強になりましたね。

いろんな人に会いに行きました。印象的だったのが居酒屋てっぺんの大嶋啓介さんだったり、バグジーの久保華図八さんだったり、ヒューマンフォーラムの出路雅明さんもそうです。会いに行くというより一方的に講演を聴きに行くだけですけども。

そうするとすごく帰り道に悲しくなってしまうわけです。自分がだめだから、悲しくて悲しくて……。

神が手招きしてくれた出会いと『繁栄の法則』

ある社長に、毎日鏡に向かって「俺はできる」と言っている話を聞き、僕も結構正直にやっていました。三ヵ月目ぐらいの時、涙が止まらなくなったことがあります。できると言ったってやってないんだからできるわけない。結果も伴わない。こんなことをやってもダメだ。やっぱりやれることを一個ずつやっていこうと思ったんです。

そのころちょうど出会ったのが、いっとくの山根浩揮さんだったんです。そのころ僕はまだ飲食の店をやっていませんでしたが、居酒屋甲子園に何かいろいろノウハウがあるんじゃないかと思って少しお手伝いに行ったんです。

居酒屋甲子園が始まって二回目か三回目だったと思います。僕は今もそうですが、そのころ結構シャイで自分からはあんまりしゃべらないんです。居酒屋甲子園に行っても自分と比較しちゃうわけです。すごい社長ばっかりだなと。

そして懇親会で、たまたま隣に座ったのが山根さんだったんです。

これがまたすごい出会いなんです。

うちの父親は、そんな父親ですけど、滅茶苦茶本を読む人なんです。部屋にものすごい

てっぺん創立10周年記念にて（左より、山根氏、出路氏、田村氏）

本があるんですね。それは財産ですよ。

それで当時僕も本を読むようになったので、何か本を読もうと思って父親の本棚を見ていたんです。結構難しい本もあるんですが小説みたいなのが多いんですが、ぱっと目に入ってきたのが『繁栄の法則』だったんです。それを持って新幹線に乗って居酒屋甲子園の勉強会に向かう途中読んでいたわけです。北川八郎と書いてある。すごくいい本だなあと思っていたんです。

そしてその日の懇親会でたまたま隣の山根さんが「田村さん、どこなんですか」と聞いてきたりしながら、楽しそうに「僕には師匠がいて、毎月熊本へ行っているんですよ。その人は陶芸家で北川八郎というんですよ」と言うではありませんか。

「へえー、すごい人がいるんですね」と思うと同時に、ちょっと待てよとバックから取り出して見たら、さっき読んでいた本が北川先生の『繁栄の法則』だったんです。

僕からすれば、山根さんとの出会いも、『繁栄の法則』を手にしたことも、神が手招きしてくれたみたいな感じになったんですね。

「さっき毎月行っていると言ったけど次いつですか」と聞いたら来週とのこと。即「一緒に行きます」と言って初めて熊本阿蘇の楽心会に出させていただきました。

北川先生の教えを手帳にメモ　繰り返し読む

山根さんから北川先生のところに連れて行ってもらって、話を聞いたり一緒に小国の蕎麦を食べたり押戸岩を案内していただいたり、すごく贅沢な一日を過ごさせてもらいました。また先生のところに行く途中、以前社員たちと旅行できたことがある鍋ヶ滝など縁を感じました。

さらに先生とのご縁を感じたのは、僕の父親が北川先生と似た思想の本を読む人で、思

北川先生に「芯に清いものを感じさせた」田村青年

想家みたいなところがあって、昔からいろんな話を聞かされていたので、北川先生の話がすっと入ってきたんです。全く違和感なくです。

父親はさんざん家族を泣かしていましたけど、言うことは立派だったんです。だから倅《せがれ》のほうからすると、なお嫌なんです。言っていることと、やっていることが違うじゃないか。どの口で言っているんだと。

それが僕と北川先生との出会いの始まりです。僕は師匠という人がいなかったので、僕の心の拠りどころとして先生を師匠と勝手に決めさせてもらっています。

繁栄の法則、山根さん、先生との

出会いはまさに、小学校の時にバイクに跨がり、隣町まで走った時と同じように行動範囲の広がる解放感、今までにない景色、心の解放感を与えて頂きました。

先生の教えで「商いは信で　人とは情で繋げ」がありますが、これを私は大切にしています。

先生から「凛とした人を創るのを使命」としなさいと、何気無しに言われたことがあります。小さい頃から、自分の名前が好きで、「友を輝かせる男になる」と決めています。

まさに凛とした人を創り、地域になくてはならない会社、人財を創出していけるよう精進していきます。

その他、ここでは書ききれないほど沢山の教えをいただいています。

例えば、「幸せでいるには……」
①少しお金持ちであること……ケチらないこと。
②日常（仕事・生活）が順調であること……日常の半分以上を良い気分で過ごす・嘆かないこと。
③健康であること……小食菜食一日二回食　先ずは野菜から手をつける。
④対人関係が良好であること……全てのことに感謝する……好意を育てる……嫌悪と面倒くさいを、対人の始めにもって来ない練習しましょう。

人を怯えさせていると、自分もいつも怯えて生活することになる。

仕事と食事をこなすな。

余った時間を自分を高めたり、深めたりする時間に使いなさい。

田村さんの才能で人の役にたちなさい。

人を喜ばせなさい。

こうして学びながら、今年（平成二十六年）三十八歳を迎え人生の折り返し地点になり、振り返ると色々なことがありました。

今はまだ旅の途中ですが、自分の人生そしてその先へ繋がるよう繁栄の法則を傍らにアクセルを回していきたいと思います。

いい仲間が信用という糸を繋いでくれている

会社のことを少し紹介します。

産業廃棄物、汚水処理、浄化槽の点検、一般廃棄物、まちのごみ収集、居酒屋、イタリ

会社を支えるいい仲間の社員と共に

アンバル、道の駅のレストラン。

母親が社長で専務が兄、そして僕が常務です。

うちの兄は東京のホテルで和食の職人をやっていました。

親父が蒸発した時に帰ってきたんです。

本人は志半ばで帰ってきたんですね。

親父がいなくなっちゃったことで、包丁を置いてごみ収集車とかに乗っていました。

本人はいつか飲食店をやりたいと思っていたはずです。

この小さな町に灯りを灯したいという想いから、兄が中心になって居酒屋をやろうということになってやってもらっています。

僕が結婚したのは三十歳の時です。
会社にはいい仲間がいて、本当に助かっています。
僕等がやってきた仕事を、彼らが信用という糸を繋いでくれています。
本当に、みんなに感謝しています。

シャイであるが堂々と語る田村氏

編集を終わって

本書は、一般社団法人 楽心会の設立を記念して作られました。

楽心会代表理事北川八郎先生の勉強会である満月の会で、縁のあった経営者の中から参加を募集し、会社のアピールと共に、本書を通して楽心会のこと、そして北川先生のことを広く知っていただこうという思いを込めて企画しました。

何社か集って本を作る場合、作り方が安易なため、どちらかというと内容も薄くなる傾向にありますが、本書は全くそういう心配はありませんでした。

それぞれが内容に特徴があり、会社の姿が活き活きと伝わってきます。

何よりも北川先生の教えを素直に実行しています。

先生の教えは、人間の生き方が中心なので、いわゆる経営のノウハウではありません。ですから経営面で生かそうとすると、どう経営に落とし込んでいくかが、なかなか難しいのです。

先生の教えで「10％損をする経営」というのがあります。私など損をするとは安売りすることと捉えて、先生の教えを実践しているのに……なぜ……と思っていました。

それは大いなる誤解でした。値引きは最も安易なサービスであるというのです。

真の意味は、損と思われることでも、自分のできる「今為せるサービスを全て為しなさい」ということでした。

目先の利益に結びつかないことでも、会社発展のためにやることはあるというわけです。

掃除一つとっても、何のためになるというのではなく、人様が喜んでくれることは心を込めてやりましょうということでした。

本書に登場して頂いた経営者は、先生の教えをどう生かしているかをわかりやすく書いています。新しく北川先生にご縁ができた方は、大いに参考になると思います。

社長自身が変わる。例えば、明るい言葉を使うようになった。社員の短所を指摘するのではなく、長所を認めるようになった。すると社員が変わり、営業成績が改善され、何より社員が生き甲斐、遣り甲斐を感じて、「やらされている」というのではなく「自ら動く」ようになってくる。

人間が成長するって、素晴らしいと思います。

本書を作るにあたり何社か訪問させて頂きました。

明るい、笑顔がある、挨拶が元気、会社が綺麗、居心地がいい、……。

そしてそれは、経営者の思いの実現であると感じました。

参加企業の皆さん、大変に勉強になりました。ありがとうございました。

編集担当　高木書房　斎藤信二

一般社団法人　楽心会（らくしんかい）

繁栄の法則の摂理をより多くの人に広めるために下記の各種事業の運営を行います。

（1）講演、セミナー、研修、講習会の開催及び講師派遣
（2）交流会、懇親会その他各種イベントの開催
（3）図書その他の印刷物の編集及び刊行
（4）講演ＣＤ・ＤＶＤ・音声ファイル・画像ファイルの制作、販売
（5）楽心会にまつわる商品等の制作、販売
（6）楽心会公式ホームページ・公式ブログの運営、維持管理
（7）経営等に関する各種コンサルティング
（8）生き方等に関する各種カウンセリング
（9）会員に対する各種サービスの提供
（10）前各号に掲げる事業に附帯又は関連する事業
（11）その他当法人の目的を達成するために必要な事業

代表理事 北川 八郎

<連絡先・お問い合わせ>
一般社団法人 楽心会 事務局 奥川拓弥
E-mail mobile：okugawa2525@emobile.ne.jp

人間経営学の実践
経営を繁栄軌道に乗せた十一名の社長告白

平成26（2014）年6月27日　第1刷発行

企画・編　一般社団法人　楽心会
発行者　斎藤 信二
発売所　株式会社　高木書房
〒114-0012
東京都北区田端新町1-21-1-402
電　話　03-5855-1280
FAX　03-5855-1281
メール　syoboutakagi@dolphin.ocn.ne.jp
装　丁　株式会社インタープレイ
印刷・製本　株式会社ワコープラネト
※乱丁・落丁は、送料小社負担にてお取替えいたします。
※定価はカバーに表示してあります。

©Rakushinkai 2014 ISBN978-4-88471-801-5　C0034　Printed in Japan